EL PEQUEÑO LIBRO DE
ASTROLOGÍA

JUDITH HURRELL

nuu

THE LITTLE BOOK OF ASTROLOGY
EL PEQUEÑO LIBRO DE ASTROLOGÍA

Copyright © Octopus Publishing Group Limited, 2024

Edición original en lengua inglesa «Octopus Publishing Group LTD.

Todos los derechos reservados, incluido el derecho de reproducción total o parcial en cualquier forma.

© Editorial Reverté, S. A., 2026
Loreto 13-15, Local B. 08029 Barcelona – España
revertemanagement.com

Fecha de publicación: marzo 2026

Edición en papel
ISBN: 979-13-88177-00-2

Edición en ebook
ISBN: 978-84-291-0033-4 (ePub)
ISBN: 978-84-291-0034-1 (PDF)

Editores: Ariela Rodríguez / Ramón Reverté
Coordinación editorial y maquetación: Patricia Reverté
Revisión de textos: Mariló Caballer Gil
Imagen cubierta: © Chikovnaya/Shutterstock.com; Peratek/Shutterstock.com
Adaptación cubierta al español: Feriche Black

Impreso en España – Printed in Spain
Depósito legal: B 4090-2026
Impresión y encuadernación: Liberdúplex
Barcelona – España

155

MIXTO
Papel | Apoyando la
silvicultura responsable
FSC® C109440
www.fsc.org

CONTENIDO

✦ INTRODUCCIÓN ✦

¿Te encanta leer tu horóscopo? Cuando conoces a alguien, ¿le preguntas cuál es su signo del zodíaco? Cuando las cosas te salen bien, ¿se lo agradeces a tu buena estrella? ¿O culpas de los contratiempos y retrasos a Mercurio por retrógrado?

Si es así, ¡ya estás sintonizando con la astrología! *El pequeño libro de la astrología* despertará tu curiosidad y te aportará más inspiración, orientación y comprensión.

La palabra *astrología* proviene de los términos griegos *astron*, que significa «estrella», y *logía*, que significa «tratado» o «estudio». Por lo tanto, la astrología puede definirse como el estudio de las estrellas y su influencia en los asuntos humanos y los fenómenos naturales.

El interés por la astrología es atemporal. Personas de todas las culturas han apreciado el resplandor de las estrellas y, desde las primeras civilizaciones, han buscado en ellas un significado.

Tan vasta historia hace que pueda parecer un tema tan infinito y misterioso como el propio universo. Pero no te preocupes, pues esta guía para principiantes te aclarará muchas cosas al respecto. Sigue leyendo para descubrir los emocionantes caminos que te esperan, para canalizar la sabiduría celeste y para trascender los límites de tu existencia terrenal. ¡Es la hora de volverse estelar!

CAPÍTULO UNO: ¿QUÉ ES LA ASTROLOGÍA?

La astrología es un antiguo sistema de creencias que, según muchos, contiene la clave para aprovechar el poder de las estrellas en tu vida. Pero para descifrar los secretos de este antiguo sistema de creencias, primero debes comprender sus fundamentos.

No hay por qué sentirse intimidado. Durante milenios, todo tipo de personas de todo el mundo han estudiado la astrología. Aunque la práctica ha evolucionado, sus principios básicos siguen siendo los mismos, y muchos sistemas comparten creencias y herramientas similares.

Este capítulo explora los pilares fundamentales de la astrología, incluidos sus sistemas rítmicos, sus principios rectores y sus interesantes aplicaciones prácticas. Si los comprendes, tú también podrás beneficiarte de este saber y del conocimiento del universo.

HISTORIA Y
★ EVOLUCIÓN DE LA ASTROLOGÍA ★

Desde las primeras civilizaciones, la humanidad ha buscado significados en el cielo. Los arqueólogos han encontrado puntos que corresponden a cuerpos celestes en el arte rupestre de la Edad de Piedra de Lascaux, Francia, y en el arte rupestre aborigen australiano de hace entre 40.000 y 60.000 años.

Por otra parte, las pruebas arqueológicas sugieren que los pueblos ancestrales del Cañón del Chaco, en Nuevo México, podrían haber registrado los movimientos lunares y solares en sus grabados rupestres prehistóricos. Asimismo, el arte de las rocas pintadas en California, que se estima que tiene miles de años de antigüedad, se alinea con los solsticios. Estas manifestaciones artísticas ofrecen una visión intrigante de cómo nuestros antepasados podían conectar e interactuar con el cosmos.

El primer sistema astrológico conocido surgió en la antigua Mesopotamia alrededor del tercer milenio antes de Cristo. Los astrónomos babilónicos grababan registros astrológicos en tablillas de arcilla, antes incluso de la construcción de la Gran Pirámide de Giza en Egipto o de Stonehenge en Gran Bretaña.

La astrología védica, o Jyotish, se originó en la India alrededor del año 1500 a. C. o incluso antes. Esta práctica se basaba en los Vedas, textos sagrados redactados a lo largo de varios siglos en la India antigua. El Rigveda, una de las fuentes védicas más antiguas, se remonta a unos 3.000 o 4.000 años atrás. Por lo tanto, la astrología védica refleja los conceptos populares de aquella época, como el karma y la reencarnación.

La astrología también prosperó en la antigua Grecia. En el siglo II d. C., el famoso astrólogo de la época grecorromana Claudio Ptolomeo escribió el *Almagesto*, tratado en el que exploraba los movimientos de los cuerpos celestes.

Los registros sugieren que los primeros astrónomos chinos, durante el período de los reinos combatientes (475-221 a. C.), observaron la órbita aproximada de 12 años de Júpiter y lo llamaron «Estrella del Año». No obstante, es probable que los fundamentos del sistema zodiacal surgieran durante la dinastía Han Occidental (206 a. C.- 9 d. C.), basándose en el calendario lunar y en la filosofía china.

Durante la Edad de Oro islámica (siglos VIII al XIV d. C.), los eruditos árabes y persas no solo crearon sus propias tradiciones astrológicas, sino que también tradujeron al árabe textos de las culturas griega y babilónica, conservando y compartiendo así valiosos conocimientos antiguos.

Durante la Edad Media, esta oleada de traducciones árabes difundió los conocimientos astrológicos por Europa. Y las traducciones del árabe al latín a partir del siglo XII dieron forma a la astrología europea.

Grandes pensadores europeos —como Pico della Mirandola, Marsilio Ficino y Johannes Kepler— se sintieron profundamente atraídos e influenciados por las ideas griegas y babilónicas. Esta fascinación inspiró un nuevo panorama astrológico en la Europa medieval y renacentista.

A finales del siglo XIX, la astrología occidental integró muchos principios antiguos. Hoy en día, los astrólogos contemporáneos combinan la tradición con conocimientos modernos y adaptan la materia a diversas perspectivas.

A partir de la tecnología, la astrología contemporánea es cada vez más accesible y aceptada. A medida que continúa la exploración, enriquece nuestra comprensión del universo y la experiencia humana, proporcionando una profunda sabiduría que trasciende el tiempo y el espacio.

★ ASTROLOGÍA CON ★ CONCIENCIA SOCIAL

En esencia, la astrología es el arte de relacionar los fenómenos celestes con las experiencias y el comportamiento humanos. Pero, por supuesto, la experiencia vital de cada persona es única, al igual que su comportamiento.

Esta verdad explica por qué la astrología se ha practicado de innumerables maneras a lo largo de las diferentes civilizaciones y de la historia, evolucionando hacia tradiciones distintas con características únicas.

Independientemente de cómo desarrolles y expreses tu interés por la astrología, es fundamental abordar estas tradiciones de forma respetuosa con las diferencias culturales, inclusiva y ética, evitando estereotipos, apropiaciones culturales o prejuicios.

Algunas prácticas astrológicas incluyen símbolos o tradiciones propias: debes comprender y respetar su contexto cultural antes de utilizarlas. Del mismo modo, para evitar perpetuar estereotipos, es importante ser consciente del lenguaje utilizado en los textos tradicionales, por ejemplo, la asociación de ciertas cualidades con energías masculinas o femeninas.

Por suerte, todos los sistemas astrológicos comparten la creencia en la conexión entre los patrones celestiales y los acontecimientos terrenales, lo que los hace universales y accesibles a todo el mundo.

★ LOS SISTEMAS DE ASTROLOGÍA ★

¿Sabías que hay muchos sistemas astrológicos, todos con su propio atractivo? Cada uno prioriza los elementos celestiales de forma ligeramente diferente en función de sus orígenes culturales, históricos y filosóficos. Si te parece difícil de entender, no te preocupes, pues comparten principios básicos similares, entrelazando hilos comunes de confianza.

La **astrología occidental** se centra en signos zodiacales específicos y su influencia en los rasgos de personalidad y los acontecimientos de la vida. Este sistema concede gran importancia al Sol, la Luna y los planetas visibles en nuestro sistema solar. El Sol representa la identidad de un individuo, mientras que la Luna refleja las emociones y los instintos.

Del mismo modo, la **astrología védica** también se centra en las posiciones de los cuerpos celestes, incluidos el Sol, la Luna y los planetas. Una vez más, la Luna es muy venerada por su impacto en el bienestar mental y emocional.

La **astrología cabalística**, también denominada **astrología judía** integra aspectos místicos y espirituales del judaísmo. Integra el calendario hebreo con las posiciones de los cuerpos celestes y su influencia en las tradiciones y la espiritualidad judías.

Por el contrario, la **astrología nativa americana** considera los acontecimientos cósmicos como parte de la naturaleza, que pueden aprovecharse para la curación, la oración y la comunicación con el reino espiritual. Los rituales y ceremonias estacionales suelen basarse en acontecimientos celestiales, como las fases lunares o las lluvias de meteoritos, y la energía que aportan en determinadas épocas del año.

La **astrología china** sigue un ciclo zodiacal de 12 años en el que cada año corresponde a un signo animal. Estos signos y los cinco elementos influyen en la personalidad, el comportamiento y el futuro de cada individuo. A diferencia de otros sistemas, las estrellas y los planetas ejercen un papel mínimo.

Independientemente de la corriente astrológica que prefieras, te ofrecerá una perspectiva única para explorar tu crecimiento personal, tus relaciones, tu destino y tu lugar en el universo. El capítulo dos te muestra unas pautas para que puedas rastrear estos sistemas con mayor profundidad.

LO QUE LA ASTROLOGÍA ★ PUEDE HACER POR TI ★

Supongamos que necesitas un organizador de eventos personal, un GPS que te guíe por la vida o un casamentero que mejore tus relaciones. La astrología cumple esas funciones, y muchas más, gracias a sus diversas técnicas y aplicaciones.

La **astrología de sinastría** marca dónde se encuentra la flecha de Cupido con las coordenadas astrales para revelar la influencia de los planetas en el amor. Es un casamentero cósmico que nos ayuda a comprender la compatibilidad y la dinámica de las relaciones para lograr conexiones armoniosas.

La **astrología electiva** ayuda a elegir los momentos más propicios para iniciar un evento importante, alineando las acciones con las energías celestiales: deja que las estrellas te señalen cuál es el día perfecto para dar el «sí, quiero» o para promocionar tu negocio.

La **astrocartografía** es como un GPS cósmico, que utiliza las influencias planetarias para guiarte hacia los lugares más adecuados para ejecutar acontecimientos importantes, desde cambios profesionales hasta romances vacacionales. Por lo tanto, ¡quizás te interese consultar tu brújula astrológica antes de echar raíces o saciar tu pasión por los viajes!

¿Necesitas llamar a un amigo para hacerle una pregunta urgente? La **astrología horaria** es un arte adivinatorio que utiliza el análisis de cartas astrales en el momento de la consulta para resolver cuestiones específicas: tu línea directa con un servicio de asistencia celestial.

La **astrología mundana** toma su nombre de la palabra latina *mundus*, que significa «mundo» o «universo». Esta rama extiende su mirada más allá de las preocupaciones individuales y se centra en asuntos globales y acontecimientos mundiales, revelando patrones celestiales que laten en toda la humanidad.

La **astrología psicológica** detecta las preocupaciones individuales, invitándonos a explorar las profundidades de la psique. Entiéndela como si fuera un terapeuta cósmico que descodifica las huellas planetarias en nuestra personalidad, nuestras relaciones y trayectorias vitales.

Interpreta estas ramas de la astrología como si fueran tu equipo de apoyo personal: la sinastría, tu casamentera cósmica; la astrología electiva, tu agenda; la astrocartografía, tu brújula galáctica; la astrología horaria, tu perspicaz consejera para tomar decisiones; la astrología mundana, tu asesora vital; y la astrología psicológica, tu terapeuta celestial... como si el universo se pusiera a tu servicio.

ASTROLOGÍA PARA ★ LAS RELACIONES ★

¿Quieres comprender mejor tus relaciones? La información astral puede ayudarte a descifrar dinámicas de amistad, la política de la oficina o la compatibilidad cósmica con una nueva pareja.

La astrología siempre ha servido para interpretar las relaciones personales. La occidental utiliza la sinastría para comparar cartas natales y obtener información sobre cómo nos comportamos en sociedad. La china emplea los signos animales del zodíaco para determinar la compatibilidad entre las personas. La Kuta Milan de la astrología védica estudia los signos lunares y las estrellas de las parejas para determinar su afinidad. La cábala analiza la estructura divina para entender las relaciones humanas en el contexto de los caminos espirituales.

Hoy en día, aunque seas nuevo en el arte de la astrología, las plataformas online y algunas aplicaciones hacen que generar cartas natales y compararlas para ver la compatibilidad sea muy fácil, y con solo hacer clic obtendrás información.

Además, incluso sin disponer de una carta natal, conocer el signo solar de alguien (signo del zodíaco o astrológico) es algo muy revelador, porque te proporciona muchos datos para descifrar distintos estilos de comunicación, el lenguaje del amor y las compatibilidades con otras personas.

ASTROLOGÍA PARA EL BIENESTAR Y LA REALIZACIÓN PERSONAL

En cuanto a la salud, la astrología también puede darte una visión simbólica sobre tus predisposiciones y tus ciclos personales, tu estado de ánimo, cómo avanzas, qué te propones y tu lugar en el mundo... todo ello potencia tu bienestar.

La astrología occidental utiliza horóscopos personalizados para el autoconocimiento y la toma de decisiones. La china emplea el zodíaco como guía vital. La astrología védica usa piedras preciosas y mantras para contrarrestar los aspectos negativos de los planetas y mejorar el bienestar general. Desde la observación de los fenómenos celestes, las culturas nativas americanas estructuran sus rituales, ceremonias y prácticas medicinales, para alinear el bienestar individual y colectivo con los ritmos astrológicos.

Explorar tu carta natal es una forma de reflexionar sobre tus necesidades emocionales, las influencias planetarias y las energías armoniosas o desafiantes. Pararse a observar los acontecimientos astrológicos fomenta la toma de conciencia del momento presente, la atención plena y una conexión más profunda con el cosmos, que va más allá de uno mismo.

Así, la astrología presenta un camino holístico hacia ese bienestar, alineando los ritmos cósmicos con las propias experiencias para lograr un viaje vital más pleno.

ASTROLOGÍA PARA LA CONTEMPLACIÓN

¿Alguna vez te ha maravillado la inmensidad del cielo nocturno o te sobresaltado el ver pasar una estrella fugaz? Si es así, comprenderás por qué la contemplación siempre ha formado parte de la astrología. Porque nos asombra y nos invita a plantearnos cuál es nuestro lugar en el universo.

A lo largo de la historia, diversas culturas han atribuido un significado divino a los planetas, las constelaciones y los fenómenos celestes a partir de la mitología, la religión y las tradiciones.

Las culturas antiguas adoraban al Sol y a la Luna, como divinidades centrales, representando la fertilidad, el orden y los ciclos vitales. En la mitología romana, Júpiter era el rey de los dioses, mientras que la Estrella Polar simbolizaba guía y constancia. Los egipcios observaban que Orión se ponía por el oeste, dirección que asociaban con la muerte y el más allá. Por lo tanto, Orión se vinculó con Osiris, el dios del inframundo y el renacimiento.

La astrología moderna acepta cualquier conexión con las deidades, pero no la exige. Ya sea durante una ceremonia, un ritual o una casual mirada al cielo, lo único que importa es conectar con el misterio universal.

★ EL ZODÍACO ★

El zodíaco es el núcleo de la astrología occidental. Es una esfera celeste dividida en doce secciones vinculadas a constelaciones específicas.

Estas secciones, conocidas como signos astrológicos, corresponden a la trayectoria del Sol a lo largo de aproximadamente 30 grados del cielo durante el año.

Aries: 21 de marzo - 19 de abril

Tauro: 20 de abril - 20 de mayo

Géminis: 21 de mayo - 20 de junio

Cáncer: 21 de junio - 22 de julio

Leo: 23 de julio - 22 de agosto

Virgo: 23 de agosto - 22 de septiembre

Libra: 23 de septiembre - 22 de octubre

Escorpio: 23 de octubre - 21 de noviembre

Sagitario: 22 de noviembre - 21 de diciembre

Capricornio: 22 de diciembre - 19 de enero

Acuario: 20 de enero - 18 de febrero

Piscis: 19 de febrero - 20 de marzo

La posición del sol en el momento de tu nacimiento determina tu signo zodiacal.

✦ LA CARTA NATAL ✦

Descubrir tu carta natal es un paso emocionante en el viaje astrológico.

Se trata de una instantánea cósmica del cielo en el momento de tu nacimiento, que muestra las posiciones de los cuerpos celestes en relación con la Tierra.

La carta está dividida en doce casas, cada una de las cuales representa diferentes áreas de tu vida. Los planetas y los cuerpos celestes, incluidos el Sol y la Luna, se colocan dentro de estas casas para ilustrar su posición en la hora exacta de tu nacimiento. La posición de cada planeta y estrella ofrece información sobre tu personalidad, tus relaciones y tu trayectoria vital. Tu signo del zodíaco matiza aún más esas influencias planetarias, ya que cada signo está asociado a uno de los cuatro elementos: fuego, tierra, aire y agua.

Los astrólogos analizan los ángulos o aspectos entre los planetas para poder matizar más su interpretación. Los principiantes suelen empezar explorando su signo solar, el lunar y su ascendente. Estas características vitales influyen en la identidad principal, la naturaleza emocional y la conducta externa.

A medida que te adentras en la astrología, el mapa de tu carta natal se va abriendo, guiándote hacia el autodescubrimiento y enseñándote a distinguir múltiples patrones de la vida.

★ INFLUENCIAS PLANETARIAS ★

En la astrología, cada planeta simboliza cualidades distintas y rige aspectos vitales específicos, dando forma a la personalidad y las experiencias de cada individuo.

★ El Sol representa tu identidad fundamental y tu ego, e influye en tu expresión personal y tu vitalidad.

★ La Luna refleja las emociones, la intuición y el subconsciente, moldeando tus respuestas afectivas y alimentando tus instintos.

★ Mercurio rige la comunicación, el intelecto y la adaptabilidad, perfilando tus procesos mentales y tus interacciones sociales.

★ Venus rige el amor, las relaciones y la estética, por lo que actúa en el sentido de la belleza, el placer y los lazos emocionales.

★ Marte simboliza la energía, el impulso y la asertividad, e interviene en tus deseos, la pasión y la forma en que persigues tus objetivos.

★ Júpiter amplía los horizontes, simboliza el crecimiento, la abundancia y el optimismo, y da forma a tu enfoque hacia las oportunidades y la riqueza.

★ Saturno representa la disciplina, la responsabilidad y la estructura, y media en los objetivos a largo plazo, los retos y las lecciones de la vida.

✦ SIGNOS ASCENDENTES ✦

Tu signo ascendente, o ascendente, es una parte crucial de tu carta natal. Es la constelación que se elevaba en el horizonte oriental en el momento de tu nacimiento.

Los doce signos del zodíaco pasan por el ascendente a lo largo del día, y cada uno permanece en esa posición durante unas dos horas.

Por eso los astrólogos son tan meticulosos cuando intentan saber la hora exacta del nacimiento. Incluso los gemelos nacidos con pocos minutos de diferencia pueden tener signos ascendentes diferentes, lo que hace que sus cartas natales sean muy distintas.

Tu ascendente revela la personalidad que muestras al mundo. Imagínatelo como un filtro cósmico que influye en cómo te ven los otros. Es la máscara que te pones cuando llegas a una fiesta, cuando te levantas para dar un discurso o te presentas por primera vez.

Tu signo ascendente puede resultarte más familiar que tu signo solar, ya que los rasgos asociados a él suelen ser los que tú valoras. Este carácter es un aspecto destacado de esa identidad, de las formas que adoptas en entornos sociales: tu «carta de juego» astrológica en el deporte de la vida.

★ ASPECTOS ★

Los ángulos que se forman entre los planetas en tu carta natal se llaman aspectos. Los aspectos principales incluyen conjunciones, sextiles, cuadraturas, trígonos y oposiciones; cada uno revela una interacción única de energías entre los cuerpos celestes.

★ Las conjunciones se producen cuando dos cuerpos celestes se encuentran a una distancia de entre 0 y 10 grados. Esta posición intensifica y magnifica sus energías.

★ Un sextil es un aspecto armonioso que se produce cuando dos planetas están separados por 60 grados; lo que trae oportunidades, creatividad e interacciones positivas entre los planetas involucrados.

★ Las cuadraturas se producen cuando dos cuerpos celestes están separados por 90 grados. Este aspecto genera tensión, conflicto y oportunidades de crecimiento.

★ Un trígono es el aspecto armonioso que se da si dos cuerpos celestes están separados por 120 grados. Aporta energía positiva, talento innato, habilidades y cooperación entre los planetas.

★ Cuando dos cuerpos celestes están separados por 180 grados, se dice que están en oposición. Este aspecto crea tensión, polarización y una necesidad de equilibrio e integración.

★ CASAS ASTROLÓGICAS ★

Como se ha expuesto, el círculo de 360 grados de tu carta natal contiene doce casas, que van asociadas con signos zodiacales particulares y que proporcionan un marco para comprender tu experiencia de vida.

Cada casa representa un área diferente de la vida, abarcando desde la identidad, las finanzas, las posesiones, los valores, las comunicaciones, las relaciones familiares, los viajes, la creatividad, la salud, el trabajo, las asociaciones y los enemigos, hasta los recursos, el cambio, la educación, los viajes, la filosofía, las amistades, la vida pública, el subconsciente, la espiritualidad y las influencias ocultas.

Para interpretar una carta natal, los astrólogos observan el signo zodiacal en la cúspide de cada casa y los planetas que se encontraban en ella cuando naciste. Para obtener información adicional, también se fijan en cuál era el planeta regente del signo zodiacal que estaba en la cúspide de cada casa. Son detalles que proporcionan datos sobre tu trayectoria, tus motivaciones y tu posible camino vital.

Comprender la intrincada dinámica y las sutiles conexiones de las conjunciones celestiales es complejo, y lograr entenderlo por completo es el trabajo de toda una vida. El capítulo tres ofrece una introducción. Para comenzar, ¡basta con practicar, ser curioso y tener una mente abierta!

✶ TRÁNSITOS Y PROGRESIONES ✶

Los tránsitos y las progresiones son herramientas dinámicas de la astrología que revelan las influencias cósmicas, siempre cambiantes, sobre la vida de un individuo.

Los tránsitos son las posiciones actuales de los planetas y cómo interactúan con las posiciones de tu carta natal. Estas alineaciones momentáneas te dan una idea de las tendencias a corto plazo en lo referente a tus emociones, relaciones y oportunidades. Observando los tránsitos entenderás mejor cómo va evolucionando la historia de tu vida.

Las progresiones analizan el desarrollo de la carta natal durante un período más largo. Técnicas como las progresiones secundarias avanzan las posiciones de los planetas en la carta a un ritmo simbólico, lo que a menudo refleja el crecimiento interno y los cambios en las perspectivas de la vida. Las progresiones ofrecen una visión más gradual y a largo plazo, revelando el viaje de tu alma y sus arcos de desarrollo.

Integrando los tránsitos y las progresiones, los astrólogos tienen una visión general de los retos, las oportunidades de crecimiento y los acontecimientos vitales más relevantes que te están esperando. Juntas, estas herramientas tejen un dinámico tapiz astrológico que guiará las distintas etapas de tu vida, siempre en constante evolución.

★ ELEMENTOS Y MODALIDADES ★

Para obtener un enfoque holístico de tu signo, la astrología clasifica los signos del zodíaco a partir de elementos y modalidades.

Los elementos: fuego, tierra, aire y agua representan las cualidades fundamentales asociadas con cada grupo de signos.

★ Los signos de fuego (Aries, Leo, Sagitario) manifiestan entusiasmo, pasión e inspiración.
★ Los signos de tierra (Tauro, Virgo, Capricornio) encarnan la practicidad, la estabilidad y el sentido común.
★ Los signos de aire (Géminis, Libra, Acuario) personifican el intelectualismo, la comunicación y la concentración.
★ Los signos de agua (Cáncer, Escorpio, Piscis) son un despliegue de emoción, intuición y sensibilidad.

Las modalidades: cardinal, fija y mutable, indican las cualidades dinámicas u orientadas a la acción de un signo.

★ Los signos cardinales (Aries, Cáncer, Libra, Capricornio) son iniciadores y catalizadores de la acción, innovadores.
★ Los signos fijos (Tauro, Leo, Escorpio, Acuario) mantienen el *statu quo*, aportando persistencia y determinación.
★ Los signos mutables (Géminis, Virgo, Sagitario, Piscis) son complacientes, representando la flexibilidad y la transición.

PROFUNDIZAR EN ★ TUS CONOCIMIENTOS ★

En este primer capítulo has encontrado información para estimular tu curiosidad por la astrología. Los capítulos posteriores profundizan en la historia de la astrología, para que puedas sumergirte en tu nueva pasión. ¡Nunca ha sido tan fácil llevar tus conocimientos astrológicos del papel al mundo real!

Únete a comunidades de astrología online: aprende, conecta y comparte ideas con entusiastas de la astrología de todo el mundo.

Hazte una carta natal personalizada: en internet hay herramientas gratuitas con las que descubrir el mapa de los planetas y las constelaciones del momento en que naciste.

Aplicaciones de astrología: con las que tendrás predicciones diarias y contenido astrológico, ¿qué más se puede pedir?

Podcasts sobre planetas: escucha interesantes debates y consejos prácticos para interpretar tu carta astral y los últimos movimientos planetarios.

Recuerda, el transcurso del viaje es tan importante como el destino. ¡Abre tu mente, conéctate con tus amigos, abraza lo desconocido y deja que las estrellas te guíen!

CAPÍTULO DOS:
TIPOS DE
ASTROLOGÍA

El cielo nocturno se ve diferente desde los distintos rincones de la Tierra, lo mismo sucede con la astrología. El capítulo dos te invita a asomarte a un caleidoscopio cósmico. Cada giro de la lente revela una tradición astrológica, abarcando los puntos de vista chino, védico, hindú, judío, nativo americano y occidental moderno.

En esta aventura espacial, explorarás diversos paisajes de la astrología y sus ricas raíces culturales e históricas. A partir de esta comprensión holística podrás alcanzar amplios conocimientos astrológicos, fomentando una conexión panorámica con el cosmos.

Entender diversas prácticas astrológicas enriquecerá tu cultura sobre otros sistemas de creencias y sociedades; y fomentará tu empatía y tu aprecio por las diversas perspectivas sobre cómo las energías cósmicas pueden influir en tu vida.

Por último, adentrarte en las particularidades de las tradiciones astrológicas te proporcionará los conocimientos y la base necesarios para entablar una conexión más profunda con otros entusiastas de la astrología y con el universo.

★ ASTROLOGÍA CHINA ★

La fértil y ancestral historia de la astrología china se remonta a los primeros períodos dinásticos de China. Sus raíces están profundamente arraigadas en las tradiciones filosóficas y culturales del país. Vienen de las antiguas prácticas de adivinación y cosmología prevalentes durante la dinastía Shang (1600-1046 a.C.) y la dinastía Zhou (1046-256 a.C.), cuando los primeros astrólogos comenzaron a relacionar sus observaciones de los cuerpos celestes con los acontecimientos terrestres.

En el siglo VI a.C., el confucianismo tuvo una fuerte repercusión en el desarrollo de la astrología china. Fundado por el filósofo Confucio, hacía hincapié en la conducta ética, la armonía y el buen funcionamiento de las estructuras sociales. Estos principios contribuyeron a la idea de que los patrones celestiales y su interpretación podían guiar a los gobernantes para dirigir y mantener una sociedad justa y armoniosa.

El taoísmo comenzó a influir en la astrología china durante los primeros períodos de la dinastía Zhou, que se extendió desde el siglo XI a.C. hasta el 256 a.C.

Su texto básico, el *Daodejing*, atribuido al pensador Laozi, fue primordial en la configuración de las creencias astrológicas chinas. El taoísmo se centra en el orden natural del universo y la interconexión de todas las cosas. La creencia en los ciclos y el equilibrio del yin y el yang se convirtió en algo crucial para comprender los ritmos y los patrones repetitivos del cosmos que se observan en la astrología china.

Varias personalidades y acontecimientos históricos han marcado la evolución de la astrología de esta cultura asiática. Por ejemplo, Huangdi, también conocido como el Emperador Amarillo, es una figura legendaria de su mitología a quien se le atribuye la organización y la sistematización de los primeros conocimientos astrológicos. Durante la dinastía Han (206 a. C.-220 d. C.), se desarrolló el zodíaco chino, con sus doce signos animales y sus ramas terrestres asociadas. Desde entonces, este sistema ha formado parte de las creencias astrológicas, el arte, la literatura y la vida cotidiana en China.

MITOS Y LEYENDAS
★ DE LA ASTROLOGÍA CHINA ★

Según la antigua mitología china, el zodíaco se origina en una legendaria carrera organizada por el Emperador de Jade, que invitó a los animales a participar en una carrera para lograr establecer un orden de los signos del zodíaco. La astuta rata sabía que no tenía ninguna posibilidad, así que se subió a lomos del diligente buey y, cuando se acercaban a la línea de meta, saltó rápidamente reclamando el primer puesto. El diligente buey quedó en segundo lugar, seguido por el ingenioso tigre, el compasivo conejo y el majestuoso dragón, según sus características innatas.

Siempre ha habido especulaciones sobre un gato, conocido por su agilidad, que no participó en la carrera. Algunas leyendas afirman que el felino se perdió la carrera debido a la astucia de la rata, lo que selló su rivalidad en la tradición celestial.

Estas leyendas revelan que para sus ancestros la astrología era más que una herramienta de adivinación. Estaba impregnada de sabiduría y enseñanzas morales que enfatizan la importancia de la armonía y la interdependencia dentro del gran orden cósmico.

★ LOS ATRIBUTOS DE LOS DOCE ★ SIGNOS GANADORES

Entonces, ¿quiénes fueron los doce afortunados? La lista incluía una rata, un buey, un tigre, un conejo, un dragón, una serpiente, un caballo, una cabra, un mono, un gallo, un perro y un cerdo.

Cada animal del bestiario cósmico posee un atributo único, de naturaleza simbólica más que jerárquica.

Por lo tanto, se considera que los nacidos en el año de la Rata son inteligentes, mientras que los del año del Buey son más diligentes. A los Tigres se les conoce por su audacia, y a los Conejos por su altruismo. A los Dragones se les ve como majestuosos, y a las personas del año de la Serpiente como sabias. Los Caballos son conocidos por su energía libre y las Cabras por su mansedumbre. Los Monos son juguetones, los Gallos entusiastas y los Perros leales. A las personas nacidas en el año del Cerdo se les reconoce su sinceridad.

LAS RAMAS TERRENALES Y LOS TRONCOS CELESTIALES

Las ramas terrenales y los troncos celestiales son componentes vitales de un antiguo sistema cíclico de 60 años básico para la cosmología, la astrología y la medición del tiempo tradicionales chinas. Cada año del ciclo se define por una combinación única de troncos celestiales y ramas terrenales, lo que ayuda a comprender el tiempo, las estaciones y las influencias cósmicas.

Troncos celestiales (Tian Gan):

Los troncos celestiales son diez caracteres que representan los cinco elementos con sus polaridades yin y yang.

Jia (甲) – Madera yang
Yi (乙) – Madera yin
Bing (丙) – Fuego yang
Ding (丁) – Fuego yin
Wu (戊) – Tierra yang
Ji (己) – Tierra yin
Geng (庚) – Metal yang
Xin (辛) – Metal yin
Ren (壬) – Agua yang
Gui (癸) – Agua yin

Ramas terrenales (Di Zhi):

Las ramas terrenales están asociadas con un mes, una dirección y una estación específicos, así como con los doce animales del zodíaco chino.

1. Zi (Rata)

2. Chou (Buey)

3. Yin (Tigre)

4. Mao (Conejo)

5. Chen (Dragón)

6. Si (Serpiente)

7. Wu (Caballo)

8. Wei (Cabra)

9. Shen (Mono)

10. You (Gallo)

11. Xu (Perro)

12. Hai (Cerdo)

★ LOS CUATRO PILARES DEL DESTINO ★

Los Cuatro Pilares del Destino, o Ba Zi, es el sistema astrológico chino basado en el año, el mes, el día y la hora de tu nacimiento. Estos datos se analizan para generar ocho caracteres compuestos por los troncos celestiales y las ramas terrestres.

Los astrólogos analizan:

1. El tronco celestial y la rama terrenal asociados con el año de nacimiento de una persona.

2. El tronco celestial y la rama terrenal relacionados con el mes de nacimiento de una persona.

3. El tronco celestial y la rama terrenal asociados con el día de nacimiento de una persona.

4. El tronco celestial y la rama terrenal relacionados con la hora de nacimiento de una persona.

Estos ocho caracteres ayudan les ayudan a comprender la personalidad, las fortalezas, las debilidades y los posibles caminos de vida de una persona.

Se trata de un enfoque holístico que constituye la base de muchos calendarios y sistemas de adivinación chinos.

✸ LA ASTROLOGÍA CHINA HOY EN DÍA ✸

Si alguna vez has celebrado el Año Nuevo chino, sabrás que la astrología china sigue influyendo en las tradiciones culturales populares. El animal del zodíaco de cada año se celebra y honra durante las festividades.

Durante esos días de celebración siguen ciertas costumbres y prácticas basadas en su signo del zodíaco para atraer la buena suerte y mantener el equilibrio. La astrología forma parte de sus celebraciones, en las que recitan oraciones, encienden fuegos artificiales y comparten alimentos simbólicos.

Observar tu Ben Ming Nian, o Año de Nacimiento, es una tradición se celebra cada doce años, cuando el signo zodiacal de una persona coincide con el signo del año en curso.

Según la astrología china, ese es el momento en el que podemos enfrentarnos a obstáculos o transformaciones. Para alejar la mala suerte, se visten de rojo, color que simboliza la buena fortuna y la protección, siguen los principios del *feng shui* o participan en distintos rituales.

Estas costumbres reflejan la influencia del zodíaco en la vida cotidiana de la China moderna, la importancia de fijarse en las fuerzas astrológicas para poder llevar una existencia más armoniosa.

✦ HISTORIA DE LA ASTROLOGÍA VÉDICA ✦

La astrología védica, conocida como Jyotish, posee una rica y antigua historia que se extiende a lo largo de miles de años. Abarca diversas escuelas y tradiciones, cada una con interpretaciones y técnicas únicas, pero que convergen en enfatizar los principios y usos astrológicos.

La astrología védica evolucionó a partir de los Vedas, los textos sagrados de la India, hasta convertirse en un estudio sistemático de cómo los cuerpos celestes influyen en la vida de las personas.

Los primeros eruditos védicos analizaron los movimientos celestes para comprender las fuerzas cósmicas y su impacto en las personas. Conceptos astrológicos persas y griegos enriquecieron esta tradición en la era helenística a partir del siglo IV a. C. Durante el período Gupta, en el siglo VI d. C., la astrología védica floreció, y el notable astrólogo Varāhamihira escribió su famosa obra *Brihat Jataka* (Gran carta natal).

Con la disponibilidad de los textos védicos y el creciente interés que han despertado, la astrología védica ha trascendido las fronteras culturales. Astrólogos de renombre, como B. V. Raman, y algunos practicantes actuales han sido reconocidos internacionalmente.

Hoy en día, la astrología védica sigue siendo una disciplina respetada que ofrece claves para comprender la vida humana, la espiritualidad y el karma.

✦ LA CARTA NATAL VÉDICA ✦

En el corazón de la astrología védica se encuentra el Janam Kundali, un plano cósmico del momento del nacimiento de una persona. Esta carta natal captura un intrincado mapa de los planetas situados en signos y casas zodiacales específicas.

Los astrólogos pueden ampliar o alejar el Janam Kundali para obtener una visión general o detalles específicos del perfil astrológico de alguien. Analizan:

★ **Las 12 casas principales:** dan una idea de los aspectos más genéricos de la vida de una persona, como el yo, la familia, la carrera profesional y la espiritualidad.

★ **Cartas divisionales especializadas:** proporcionan información más detallada y algunos matices de áreas vitales específicas, como el matrimonio y la carrera profesional.

★ **Nakshatras o «mansiones lunares»:** dividen el zodíaco en 27 constelaciones, cada una asociada a cualidades, atributos y deidades gobernantes singulares.

★ **Aspectos planetarios y tránsitos:** analizan la interacción de los planetas en el Janam Kundali y su movimiento a lo largo del tiempo, lo que influye en los Nakshatras, las casas y las cartas divisionales especializadas.

★ INFLUENCIAS PLANETARIAS ★

Los nueve planetas, o grahas, desempeñan un papel protagonista en la astrología védica. Cada uno tiene sus propias características para dar forma y matices a la vida de un individuo.

★ El Sol gobierna la vitalidad de un individuo e influye en su identidad fundamental.

★ La Luna representa las emociones y la intuición.

★ Marte aporta energía, coraje y determinación.

★ Mercurio, el comunicador, influye en la inteligencia y las habilidades comunicativas.

★ Júpiter simboliza cualidades como la sabiduría, la benevolencia y la prosperidad.

★ Venus gobierna el amor, la belleza y la creatividad.

★ Saturno, el maestro, influye en la disciplina y las lecciones de la vida.

★ Rahu y Ketu, conocidos como los «nodos lunares», aportan dimensiones kármicas a la carta astral.

La posición de cada planeta en una casa y un signo específicos durante el nacimiento de un individuo crea su ADN cósmico. Las influencias de cada planeta pueden ser beneficiosas o desafiantes, según el carácter de la persona y la posición de los planetas entre sí.

✦ YOGAS Y DOSHAS ✦

En la astrología védica, el término *yoga* se refiere a la disposición de los planetas en la carta natal de una persona. Los yogas pueden ser auspiciosos o desfavorables, y revelan el potencial de un individuo en determinadas áreas, como la personalidad, la carrera profesional o las relaciones. Por ejemplo, el Raj yoga sugiere prosperidad y autoridad, mientras que el Kemadruma yoga apunta hacia retos y dificultades.

Los doshas son influencias negativas derivadas de una posición desfavorable de ciertos planetas en la carta natal. Los doshas principales son el Kaal Sarpa dosha, que indica desafíos y obstáculos, y el Mangal dosha, asociado con la discordia marital.

De todos modos, no te obsesiones con ello. Los astrólogos que entienden los yogas y los doshas pueden remediar las combinaciones planetarias perjudiciales. Los consejos y remedios que te proporcionen pueden limitar esas posibles dificultades. De esta manera proactiva, la astrología védica ayuda a las personas a afrontar los retos de la vida y a optimizar su potencial de éxito y realización.

★ EL KARMA Y LA ASTROLOGÍA VÉDICA ★

¿Has oído hablar del karma? Si has utilizado alguna vez la expresión «cosechas lo que has sembrado» o «recibes lo que das», es posible que estés familiarizado con este concepto.

Karma significa «acción» y resume la idea de que las acciones individuales determinan el destino, creando un ciclo de consecuencias.

¿Pero sabías que el karma está profundamente entrelazado con la astrología védica? Según esta astrología, la carta natal de una persona, u horóscopo, es un reflejo de su karma acumulado en vidas pasadas. Si este concepto te parece determinista, te tranquilizará saber que también hay mucho espacio para el libre albedrío y la elección consciente.

La astrología védica nos dice que unas acciones restauradoras y una vida honesta pueden reducir el impacto de las configuraciones planetarias desafiantes, dando lugar a un crecimiento espiritual y experiencias positivas. Para equilibrar el karma, podemos poner en práctica distintas maniobras, como cantar unos mantras, realizar actos de caridad o llevar encima unas piedras preciosas.

Una de las razones por las que hoy en día la astrología védica resulta tan útil es por el énfasis que pone en las elecciones de vida conscientes y reflexivas, en la autoconciencia y en el sentido de la responsabilidad.

REMEDIOS Y RITUALES EN LA ASTROLOGÍA VÉDICA

La astrología védica prescribe rituales y remedios para aprovechar los poderes cósmicos y mejorar nuestro bienestar. Entre otros:

★ Las dificultades financieras derivadas de aflicciones a la segunda casa o al planeta Júpiter se remedian mediante la recitación del mantra «Om Guruve Namaha» y llevando zafiro amarillo o citrino.

★ Los problemas de pareja causados por las aflicciones a la séptima casa o a Venus se tratan recitando el mantra de Venus «Om Shukraya Namaha» y llevando un diamante o un zafiro blanco.

★ Los obstáculos profesionales causados por aspectos maléficos en la décima casa o las aflicciones al Sol se combaten recitando el mantra del Sol «Om Suryaya Namaha» y llevando un rubí o un coral.

★ Los impedimentos de salud relacionados con la sexta casa o con aspectos maléficos sobre la Luna se sanan recitando el mantra lunar «Om Somaya Namaha» y llevando una perla.

★ Las dificultades de comunicación debidas a aflicciones en la tercera casa, Mercurio, se tratan recitando el mantra de Mercurio «Om Budhaya Namaha» y llevando una esmeralda.

APLICACIONES MODERNAS DE LA ASTROLOGÍA VÉDICA

En la era del autocuidado, la astrología védica es más relevante que nunca. No importa en qué punto del viaje astrológico te encuentres, invocar al cosmos y generar rituales de superación personal ampliará tu bienestar.

En lo que respecta a las relaciones, la astrología védica, examinando tu séptima casa, te dará algunas respuestas sobre la compatibilidad con tu pareja y los posibles retos, y te ofrecerá consejos para que vuestra armonía mejore.

Profundizar en tu décima casa arrojará luz sobre tus fortalezas y debilidades profesionales, ayudándote a tomar decisiones bien razonadas sobre tu carrera. Observar las posiciones planetarias puede orientar tu trayectoria profesional y, si eres consciente de las alineaciones planetarias desfavorables, estarás alerta para evitar algunos obstáculos.

En lo que respecta a la salud, la astrología védica analiza la primera casa y la influencia de los planetas en el ascendente. Conocer cuáles son tus puntos débiles te posibilitará adoptar un enfoque preventivo y enriquecedor.

A pesar de sus arcaicas raíces, estas aplicaciones modernas demuestran por qué la astrología védica está tan en boga hoy en día.

LA HISTORIA DE LA ASTROLOGÍA EN EL JUDAÍSMO

Desentrañemos la compleja y extensa historia de la fascinación celestial en el judaísmo y los delicados cruces entre la astrología y las creencias judías. Los eruditos judíos entraron en contacto con la práctica astrológica en la Antigüedad a través de las interacciones con las culturas vecinas de Babilonia y Persia. Esto dio lugar a debates sobre los méritos y las limitaciones de la astrología, discusiones que quedaron documentadas en la literatura talmúdica entre los siglos II y V d.C.

Durante la Edad Media, sabios judíos como Abraham Ibn Ezra (c. 1089-1167) estudiaron literatura astrológica en árabe y latín, lo que enriqueció tal debate. Ibn Ezra fue un destacado erudito, poeta, filósofo, comentarista de la Biblia hebrea y astrólogo judío español. Combinó las prácticas religiosas, filosóficas y culturales hebreas con los conocimientos astrológicos grecoárabes, y escribió varios textos influyentes. Sus escritos integraban la astronomía, la astrología y el pensamiento judío, y explican los efectos de la astrología en el destino humano.

La tradición cabalística floreció en los siglos XII y XIII, ofreciendo una visión mística del judaísmo. El Zóhar, un texto significativo de la tradición cabalística, introdujo conexiones simbólicas entre los cuerpos celestes y los atributos divinos. Los cabalistas creen que estas conexiones representan fuerzas espirituales ocultas que subyacen al mundo físico.

Durante el Renacimiento, científicos judíos se interesaron por la astrología. Sin embargo, tropezaban con un dilema a la hora de conciliar la influencia de los cuerpos celestes con los principios judíos de la divina providencia y el concepto del libre albedrío.

Hoy en día, algunas comunidades judías, especialmente aquellas interesadas en el misticismo o la espiritualidad New Age, siguen utilizando los conocimientos astrológicos para su crecimiento personal y su desarrollo espiritual. Sin embargo, el judaísmo mayoritario aborda la astrología con cautela, ya que es considerada como una forma de adivinación que podría conducir a la idolatría.

Esta compleja relación explica por qué la astrología sigue siendo un tema muy debatido dentro de algunas corrientes de la comunidad judía.

PERSPECTIVAS Y TÉCNICAS CONTEMPORÁNEAS

La relación entre la astrología y el judaísmo sigue siendo intrincada y compleja. Aunque mayoritariamente la astrología está mal vista en el judaísmo, algunos la utilizan como herramienta de reflexión e introspección espiritual.

Recientemente, la cábala, una rama esotérica del judaísmo, ha resurgido. Esta tendencia refleja un creciente interés por los elementos místicos del judaísmo en la diversa y cambiante sociedad de hoy en día.

El Zóhar es un libro cabalístico que, a partir de la astrología, nos explica principios espirituales. Según este libro, la alineación planetaria refleja las energías divinas en la Tierra.

El Zóhar establece una conexión entre la astrología y la espiritualidad. Los cabalistas comparan los diez atributos o emanaciones divinas, conocidos como *sefirot*, con los signos del zodíaco. Los movimientos planetarios son considerados como fuentes de energía espiritual, y animan a sus seguidores a buscar mensajes divinos y verdades espirituales dentro de la esfera cósmica.

La astrología cabalística es un medio para comprender la interconexión entre el cosmos y lo divino. Entre sus principios fundamentales se incluyen:

★ El simbólico árbol de la vida, que conecta las ramas con los cuerpos celestes.

★ Las posiciones planetarias en relación con los signos astrológicos dan forma a la transformación personal.

★ La gematría, que asigna valores numéricos a las letras del alfabeto hebreo para encontrar significados ocultos.

★ El tikún, que consiste en alinear o reparar la conexión del alma con lo divino.

★ Prácticas meditativas para sintonizar con las energías espirituales.

Este sistema místico ofrece un enfoque holístico hacia la introspección y la transformación, atrayendo a personas que, con o sin fe religiosa, desean crecer espiritualmente.

Del mismo modo, muchos judíos contemporáneos se interesan por otras ramas de la astrología desde el autoconocimiento y la introspección, combinando la sabiduría antigua con la búsqueda moderna del autodescubrimiento.

LA ASTROLOGÍA EN LAS TRADICIONES NATIVAS AMERICANAS

La astrología tiene profundas raíces en la cultura indígena americana desde tiempos muy lejanos. Más que una práctica aislada, la profunda conexión que muchas de estas tribus sienten con el cosmos está integrada en el entramado de sus tradiciones espirituales, su vida cotidiana y sus rituales sagrados.

Estas conexiones astrológicas se expresan de manera única dentro de cada tribu, reflejando la singularidad de su historia, su entorno y sus creencias. Por ejemplo, el pueblo lakota, en las Grandes Llanuras, cree que la posición de las estrellas y los planetas puede ayudar a predecir acontecimientos futuros, mientras que el pueblo hopi, del suroeste, asocia diferentes constelaciones con cada estación y con distintos fenómenos naturales. Los navajos, también en el suroeste, creen que las posiciones celestes contienen mensajes sobre el equilibrio entre los reinos físico y espiritual; adoran las estrellas, la Luna y el Sol, y confían en los astros para sus labores agrícolas.

En todas estas tradiciones, la astrología sigue siendo un aspecto esencial de los rituales de los indígenas americanos, ya que conecta a las tribus con sus antepasados y con el mundo natural.

RITUALES Y CEREMONIAS ASTROLÓGICAS DE LOS INDÍGENAS AMERICANOS

Ceremonia del Canto Nocturno

La ceremonia del Canto Nocturno o Yébîchai tiene un significado astrológico para el pueblo navajo. Es un ritual de sanación que dura nueve noches, con cantos, intrincadas pinturas en la arena y danzas rituales. Los asistentes al festival las utilizan para pedir bendiciones de salud y prosperidad. Los astrónomos expertos de la tribu programan la ceremonia para que coincida con eventos astronómicos, como la aparición de las Pléyades.

La Danza del Sol

Para los lakota (sioux), el Sol simboliza la vida y la energía. Durante el solsticio de verano celebran los rituales de la Danza del Sol. En ellos, los participantes ayunan y bailan alrededor del árbol sagrado, buscando la renovación espiritual a partir de la conexión con las fuerzas cósmicas, que les aporten curación, visiones y la solidaridad comunitaria dentro del pueblo.

Rituales del solsticio y el equinoccio

La tribu zuni celebra su compleja cosmología en los solsticios y equinoccios. Durante estos rituales, los zuni rinden homenaje al Sol y su influencia en la agricultura y el bienestar espiritual. Para sus celebraciones, alineadas con los ciclos celestes, orientan sus lugares sagrados para captar la luz del sol naciente y poniente.

Observación del cielo y guía lunar

La nación mohawk incorpora las observaciones lunares a sus prácticas espirituales. Los ancianos que observan el cielo prestan mucha atención a las fases de la luna para determinar cuál es el momento ideal para realizar sus ceremonias, actividades agrícolas y reuniones comunitarias. Para ellos, la Luna es una guía celestial que determina algunos aspectos prácticos de la vida, y su ciclo cambiante les aporta sabiduría espiritual.

Conocimiento de las estrellas y búsqueda de visión

La Confederación de los Pies Negros (Blackfoot) aplica su profundo conocimiento de las estrellas a sus búsquedas de visión. Los individuos alinean sus búsquedas con constelaciones específicas para orientarse y lograr un propósito, enfatizando la conexión entre la introspección personal y las fuerzas cósmicas.

✦ SIMBOLISMO ASTROLÓGICO ✦

En las culturas nativas americanas, los cuerpos celestes tienen un profundo simbolismo, cada uno de ellos con un significado concreto. Es esencial reconocer que existen diversas creencias dentro de las tribus y que las interpretaciones de estos fenómenos celestes pueden variar.

El Sol

El Sol es vital para la existencia, simboliza la vida, el calor y el crecimiento. Su recorrido diario y estacional ha moldeado históricamente el ritmo de vida de muchas culturas. Su energía masculina representa la fuerza activa y los cambios estacionales.

La Luna

Durante siglos, la Luna ha sido un símbolo de feminidad, fertilidad y ciclos de cambio, marcando el tiempo y los ritmos vitales. Sus fases marcan actividades y determinadas ceremonias espirituales.

Cúmulos estelares y constelaciones

En algunas tribus indígenas las estrellas son vistas como espíritus ancestrales; en otras, los símbolos estelares son protagonistas en las historias que narran, predicen las cosechas o marcan las mareas altas o bajas.

MITOS ASTROLÓGICOS DE LOS INDÍGENAS AMERICANOS

Mito de la creación hopi

El pueblo hopi, del suroeste de Estados Unidos, cree en un mito de la creación que describe su transición del mundo anterior al actual. Los ejes centrales de sus relatos son el Sol y la Luna, que simbolizan diferentes aspectos de la vida y la creación.

Leyendas cheyenes sobre las estrellas

La tribu cheyene preserva su conocimiento cultural transmitiendo leyendas sobre las estrellas, como la de la Estrella de la Mañana y la Estrella de la Tarde. Estas gemelas celestiales, separadas por un amor prohibido, se encuentran brevemente al amanecer y al atardecer; por lo que integraron el movimiento de Venus en su sistema de valores sociales y espirituales.

Historia de los ojibwe sobre el origen del cielo

Según los ojibwe, Nanabozho, un héroe cultural, viaja al reino del cielo y recupera el sol. Este mito explica los ciclos del día y la noche y el cambio de las estaciones.

TÓTEMS ANIMALES Y CONSTELACIONES

Los ojibwe, o chippewa, tienen un sistema zodiacal animal distintivo que conecta a las personas con tótems animales específicos en función de su fecha de nacimiento. Estos tótems representan sus rasgos de personalidad, fortalezas y desafíos.

No tienen un sistema zodiacal fijo, completo o universalmente estandarizado para todas sus comunidades. La siguiente información es una generalización y puede no ser consistente en todos los grupos ojibwe:

Oso o Makwa (22 de diciembre- 19 de enero)
Constelación: Ursa Major (la Osa Mayor).
Simbolismo: fuerza, introspección y curación.

Nutria o Nigig (20 de enero- 18 de febrero)
Constelación: no hay constelación específica.
Simbolismo: alegría, curiosidad y carácter juguetón.

Puma o pantera (19 de febrero- 20 de marzo)
Constelación: Leo (el León).
Simbolismo: liderazgo, valentía y adaptabilidad.

Halcón rojo o Migizi (21 de marzo-19 de abril)
Constelación: Cygnus (el Cisne) o Aquila (el Águila).
Simbolismo: visión, conciencia espiritual y protección.

Castor o Amik
(20 de abril-20 de mayo)
Constelación: Ursa Minor (la Osa Menor).
Simbolismo: creatividad, diligencia y construcción de cimientos.

Ciervo u Oji
(21 de mayo-20 de junio)
Constelación: Cepheus (el Rey).
Simbolismo: dulzura, sensibilidad e intuición.

Pájaro carpintero o Zagime
(21 de junio-21 de julio)
Constelación: Columba (la Paloma).
Simbolismo: cuidado, familia y protección

Salmón o Name
(22 de julio-21 de agosto)
Constelación: Delphinus (el Delfín).
Simbolismo: determinación, sabiduría y transformación.

Oso cachorro o Mkwa'oons
(22 de agosto-21 de septiembre)
Constelación: Ursa Minor (la Osa Menor).
Simbolismo: Juventud, curiosidad y desarrollo de la fuerza y las habilidades.

Cuervo o Gwiingwiishi
(22 de septiembre-22 de octubre)
Constelación: Corvus (el Cuervo).
Simbolismo: cambio, adaptabilidad e inteligencia.

Serpiente o Naag
(23 de octubre-22 de noviembre)
Constelación: Serpens (la Serpiente).
Simbolismo: transformación, curación e intuición.

Alce o Moos
(23 de noviembre-21 de diciembre)
Constelación: Cetus (la Ballena).
Simbolismo: fuerza, nobleza y agilidad.

HISTORIA DE
★ **LA ASTROLOGÍA OCCIDENTAL** ★

La astrología occidental es como el agua de un río, que va trazando su curso a través del vasto paisaje de la historia de la humanidad. Su origen se encuentra en las antiguas prácticas de Mesopotamia, Egipto, China y Grecia, donde las primeras corrientes astrológicas se fusionaron con la astronomía, la filosofía y la espiritualidad.

Este antiguo afluente navegó por Mesopotamia, donde los astrónomos babilónicos contribuyeron a la formación del zodíaco. Las observaciones celestes reflejadas en la arquitectura egipcia y los complejos conocimientos astronómicos de China se sumaron a la corriente. Los filósofos griegos, en particular Pitágoras, desempeñaron un papel fundamental en su trayectoria evolutiva.

La astrología cobró impulso en la era helenística, navegando por los fértiles terrenos de Grecia. El *Tetrabiblos* de Ptolomeo combinó la astronomía matemática con interpretaciones astrológicas para establecer los doce signos del zodíaco, las casas y los aspectos planetarios.

Tras abrirse camino en la Europa medieval, la astrología navegó por el Imperio romano y el mundo islámico, enriquecida por una corriente de filosofía cristiana.

Durante el Renacimiento, eruditos como Marsilio Ficino y Johannes Kepler se lanzaron al agua para estudiar las conexiones celestes. A Kepler le fascinaba la relación de la alineación de la Luna con las mareas.

La astrología se enfrentó al escepticismo y al rigor científico de la Ilustración, pero las tradiciones persistieron. Almanaques y publicaciones astrológicas proliferaron, captando la imaginación de un público muy diverso.

En el siglo XX, la astrología resurgió con renovado vigor. La astrología psicológica, influenciada por Carl Jung, representó la unión de diferentes corrientes. La astrología se transformó y se incorporó a la corriente dominante como una herramienta para el autodescubrimiento y el crecimiento personal.

A finales del siglo XX, se diversificó en diversas tendencias. La astrología basada en los signos solares se convirtió en una corriente prominente, adoptada por periódicos, revistas y plataformas online. En el vasto océano de la espiritualidad New Age, la astrología está surcando las olas.

LOS FUNDAMENTOS DE
★ LA ASTROLOGÍA OCCIDENTAL ★

La astrología occidental busca comprender cómo las posiciones de los cuerpos celestes influyen en las personas y los acontecimientos terrestres. Los astrólogos utilizan cartas natales —también denominadas «cartas astrales»— u horóscopos para capturar una instantánea del cielo en el momento y el lugar exactos del nacimiento de una persona. Mediante la interpretación de las interacciones entre los planetas, los signos del zodíaco y las casas astrológicas en esta carta, pretenden comprender las cualidades y experiencias únicas de cada individuo.

La astrología occidental se basa en el zodíaco tropical, que divide la trayectoria del Sol en doce segmentos, cada uno asociado a un signo del zodíaco que representa rasgos específicos de la personalidad y tiene un planeta regente.

Los «aspectos» astrológicos —es decir, las relaciones angulares entre los planetas— indican cómo interactúan las energías celestes en una carta natal, y cómo influyen en la personalidad, las relaciones y las experiencias vitales de un individuo.

Los astrólogos también utilizan técnicas como los tránsitos y las progresiones, que consisten en el examen de los movimientos planetarios continuos dentro de la carta astral, para obtener información sobre futuros acontecimientos.

ASTROLOGÍA OCCIDENTAL Y PSICOLOGÍA

Carl Jung, psiquiatra y psicoanalista suizo que ejerció a mediados del siglo XX, es considerado uno de los pensadores más influyentes de la psicología. Sus teorías e ideas tuvieron un impacto significativo en diversas disciplinas, incluida la astrología.

Jung creía que la psique humana está moldeada no solo por las experiencias individuales, sino también por símbolos y patrones universales. En las décadas de los años sesenta y setenta, los astrólogos se sintieron atraídos por estas ideas que dotaban a la astrología de una mayor profundidad psicológica.

Los conceptos de Jung sobre los arquetipos y los símbolos universales que representan las experiencias humanas fundamentales se convirtieron en parte integral de la comprensión del simbolismo planetario y zodiacal en las cartas natales. Los astrólogos también adoptaron la idea del inconsciente colectivo, creyendo que las configuraciones celestes reflejaban aspectos humanos universales. Los astrólogos incorporaron el concepto de *individuación* de Jung —el crecimiento personal y la autorrealización— en su análisis astrológico.

LA IMPORTANCIA DE LOS SIGNOS ✦ SOLARES EN LA ASTROLOGÍA ✦ OCCIDENTAL

En la astrología moderna, tu signo solar es tu identidad astrológica, que define tus rasgos fundamentales, preferencias y patrones de autoexpresión. Es como el titular de tu historia personal, que revela tus motivaciones y tus aspiraciones.

A diferencia de la Luna y otros planetas, que cambian de signo con relativa rapidez, el Sol permanece aproximadamente un mes en cada signo, por lo que su influencia es más constante. Tu signo solar es la parte estable de tu identidad.

Históricamente, muchas culturas han considerado el Sol como el cuerpo celeste más relevante, por su visibilidad y su papel elemental en el mantenimiento de la vida en la Tierra. Esta centralidad se refleja en la astrología, donde el signo solar tiene un papel protagonista.

Afortunadamente, determinar tu signo solar es muy sencillo, pues basta con saber tu fecha de nacimiento, sin que importe la hora o el lugar en que naciste. ¡Solo tienes que saber tu fecha de nacimiento!

✳ HORÓSCOPOS ✳

¿A quién no le gusta consultar su horóscopo? Los astrólogos escriben los horóscopos habiendo analizado las posiciones de los cuerpos celestes y su impacto en cada signo solar durante un período específico, tienen en cuenta los signos arquetípicos y se centran en las tendencias y los temas de interés general. Aunque es cierto que los horóscopos son excelentes para la autorreflexión y el entretenimiento, su naturaleza general puede ser demasiado simplista.

Si lo examinas en su contexto junto a los horóscopos de tu signo lunar o tu ascendente, hallarás más matices, y tu horóscopo solar será más personalizado.

El horóscopo de tu signo lunar se centra en cómo las condiciones celestiales de un período específico influyen en tu panorama emocional y tu yo interior. El horóscopo de tu ascendente revela cómo se manifiesta tu yo exterior en un período determinado.

Los astrólogos pueden incluso crear horóscopos basados en cómo te afectarán los movimientos planetarios, como el retroceso de Mercurio o los tránsitos de Venus, conceptos que exploramos en el capítulo tres.

Rastrear estos planos astrológicos añade una perspectiva más profunda y holística de tu horóscopo lunar.

CAPÍTULO TRES:
LECTURA DE
LOS PLANETAS

A estas alturas, probablemente ya conozcas tu signo solar, el signo del zodíaco en el que se encontraba el Sol cuando naciste. Quizás también conozcas tu signo lunar, el signo astrológico por el que pasaba la Luna cuando naciste.

En este capítulo, también exploraremos tu signo ascendente y profundizaremos en la influencia del Sol, la Luna y otros cuerpos celestes.

Los astrólogos occidentales consideran que el Sol, la Luna, Mercurio, Venus y Marte son planetas personales. Creen que proporcionan una visión profunda de nuestra naturaleza, y que sus posiciones en nuestra carta natal determinan nuestra personalidad, nuestro panorama emocional y nuestro estilo de comunicación.

Para ellos, Júpiter, Saturno, Urano, Neptuno y Plutón son planetas exteriores o transpersonales, pues creen que su influencia va más allá del individuo, tejiendo temas generacionales y vitales más globales.

Vamos a profundizar en estas ideas y explorar cómo afectan a tu carácter. ¡Prepárate para verte con una lupa de alta precisión!

LOS SIGNOS SOLARES EN EL PUNTO DE MIRA

En la página 60, hablamos de los signos solares y su influencia en la personalidad, el comportamiento y el destino. Profundicemos en el tema.

Aries
(21 de marzo-19 de abril)
Símbolo: el carnero.

Elemento: fuego.

Planeta regente: Marte.

Atributos: audaces, enérgicos y ambiciosos. Líderes naturales con espíritu pionero, que pueden ser demasiado impulsivos, inquietos e impacientes.

Tauro
(20 de abril-20 de mayo)
Símbolo: el toro.

Elemento: tierra.

Planeta regente: Venus.

Atributos: prácticos, fiables y sensuales. Son personas con los pies en la tierra a las que les gusta la comodidad y la estabilidad. Pueden ser tercos, lentos a la hora de tomar decisiones y reacios a los cambios.

Géminis
(21 de mayo-20 de junio)
Símbolo: los gemelos.

Elemento: aire.

Planeta regente: Mercurio.

Atributos: curiosos, adaptables y comunicativos. Son personas ingeniosas que disfrutan de la variedad y la interacción social. Pueden ser volubles, difíciles de definir y con dos caras.

Cáncer
(21 de junio-22 de julio)
Símbolo: el cangrejo.

Elemento: agua.

Planeta regente: Luna.

Atributos: cuidadosos, intuitivos y empáticos. Protectores emocionales con una sólida conexión con el hogar y la familia; a veces, posesivos y con dificultades para desprenderse de las cosas.

Leo
(23 de julio-22 de agosto)
Símbolo: el león.
Elemento: fuego.
Planeta regente: Sol.
Atributos: Carismáticos, seguros de sí mismos y generosos. Líderes naturales con talento para lo dramático. Pueden ser autoritarios y fácilmente irritables debido a la fragilidad de su ego.

Virgo
(23 de agosto-22 de septiembre)
Símbolo: la virgen.
Elemento: tierra.
Planeta regente: Mercurio.
Atributos: detallistas, analíticos y prácticos. Perfeccionistas con un fuerte sentido del deber, que se mostrarán bastante críticos y tensos en determinadas ocasiones.

Libra
(23 de septiembre-22 de octubre)
Símbolo: la balanza.
Elemento: aire.
Planeta regente: Venus.
Atributos: encantadores, diplomáticos y sociables. Buscan el equilibrio y la armonía en las relaciones y en la vida, quizá con expectativas poco realistas sobre las personas e indecisos.

Escorpio
(23 de octubre-21 de noviembre)
Símbolo: el escorpión.
Elemento: agua.
Planeta regente: Plutón.
Atributos: intensos, decididos y misteriosos. Pensadores profundos a quienes les apasionan las transformaciones. Pueden ser celosos y defensivos.

Sagitario
(22 de noviembre-
21 de diciembre)

Símbolo: el arquero.
Elemento: fuego.
Planeta regente: Júpiter.
Atributos: optimistas,
aventureros y de mente abierta.
Son espíritus libres a quienes
les encanta explorar y aprender,
bastante inquietos y rebeldes.

Capricornio
(22 de diciembre-
19 de enero)

Símbolo: la cabra.
Elemento: tierra.
Planeta regente: Saturno.
Atributos: ambiciosos,
disciplinados y responsables. Son
individuos orientados a objetivos
con una fuerte ética de trabajo; a
veces, parecen demasiado serios,
pesimistas y adictos al trabajo.

Acuario
(20 de enero-18 de febrero)

Símbolo: el aguador.
Elemento: aire.
Planeta regente: Urano.
Atributos: innovadores,
independientes y solidarios. Estos
visionarios centrados en ideas
progresistas, pueden dar una
imagen distante y superficial.

Piscis
(19 de febrero-20 de marzo)

Símbolo: el pez.
Elemento: agua.
Planeta regente: Neptuno.
Atributos: intuitivos, compasivos
y artistas. Conocidos por su
profunda empatía y creatividad,
también pueden ser demasiado
emocionales y propensos al
escapismo.

A continuación, vamos a considerar otras influencias celestiales para obtener una comprensión más detallada.

✶ EL SIGNO ASCENDENTE ✶

Imaginemos que en el aeropuerto entablas amistad con Álex.

A primera vista, parece entusiasta, extrovertido y aventurero. Más tarde, durante el viaje, descubres que, tras esa imagen desenfadada, en realidad es una persona muy disciplinada y centrada en sus objetivos. Su itinerario es inflexible, con una lista de lugares a los que ir que no va a perderse por nada.

Acabas de ser testigo del contraste entre el ascendente de Álex (Sagitario) y su signo solar (Capricornio).

El signo ascendente es la constelación que se eleva en el horizonte oriental en el momento del nacimiento de una persona. Este signo representa la faceta de la personalidad con la que un individuo se siente más cómodo. Cada signo del zodíaco tarda dos horas en elevarse sobre el ascendente, y los doce signos se elevan en veinticuatro horas.

A medida que conoces a alguien, descubres distintas capas de su personalidad. Este proceso comienza con su signo ascendente, seguido de su signo solar, que representa sus características fundamentales, y luego su signo lunar, que refleja su centro emocional.

✦ TU SIGNO ASCENDENTE ✦

Para encontrar tu ascendente, necesitarás saber la hora, la fecha y el lugar de tu nacimiento. Puedes utilizar una calculadora de ascendente online o pedir a un astrólogo que elabore tu carta natal, que te mostrará tu ascendente.

Aries
Las personas con ascendente Aries irradian una energía dinámica, espontánea y asertiva. Son líderes naturales, que a menudo inician nuevos proyectos con entusiasmo y valentía.

Tauro
Las personas con ascendente Tauro irradian un aura tranquila y estable. Su comportamiento sensato, fiable y paciente les permite establecer relaciones duraderas.

Géminis
Ágiles y adaptables, los ascendente Géminis prosperan en compañía. Curiosos y brillantes socializando, se relacionan con todo el mundo.

Cáncer
Aunque inicialmente son reservadas, las personas con ascendente Cáncer pronto proyectan calidez y sensibilidad. Son accesibles, cariñosas y les gusta crear un ambiente familiar.

Leo
Líderes natos, las personas con ascendente Leo irradian confianza y carisma. Disfrutan siendo el centro de atención y la impresión que dejan es difícil de olvidar.

Virgo
Las personas con ascendente Virgo pueden parecer reservadas y exigentes. Su enfoque orientado al servicio las hace atentas.

Libra

Las personas con ascendente Libra irradian encanto. Diplomáticas, educadas y agradables, crean armonía y hacen que los otros estén a gusto a su lado.

Escorpio

Magnéticos, intensos y misteriosos, los ascendente Escorpio se esfuerzan por proteger sus verdaderos sentimientos, que a menudo son profundos y apasionados.

Sagitario

Las personas con ascendente Sagitario pueden tener un entusiasmo bullicioso. Aventureras, inspiradoras y de mente abierta, ven los retos de la vida como oportunidades para crecer.

Capricornio

Las personas con ascendente Capricornio pueden parecer tímidas y sensatas. Valoran la profesionalidad y los logros. En situaciones difíciles, demuestran gran sabiduría y madurez.

Acuario

Excéntricas, con visión de futuro y poco convencionales, las personas con ascendente Acuario son rebeldes por naturaleza. Pueden parecer independientes, pero valoran los objetivos colectivos.

Piscis

Las personas con ascendente Piscis irradian una energía soñadora y empática. Muy creativas y acogedoras, son sensibles, compasivas y esquivas al mismo tiempo.

★ SIGNOS LUNARES ★

¿Te confunden tus emociones? Quizás te preguntes si, detrás de ciertos patrones, hay un significado más profundo. O tal vez tu respuesta emocional ante una situación concreta te desconcierta. Encontrarás la respuesta a estas cuestiones en tu signo lunar.

La Luna recorre cada signo del zodíaco en aproximadamente dos días y medio, por lo que completa un ciclo en aproximadamente un mes. Tu signo lunar está determinado por el signo astrológico en el que se encontraba la Luna cuando naciste.

Dada su naturaleza reflexiva y cambiante, la Luna gobierna tus sentimientos más íntimos, tus necesidades y tus respuestas emocionales, por lo que desempeña un papel significativo en tus relaciones y tu bienestar emocional general. Comprender tu signo lunar puede aportarte mayor conciencia de ti mismo y desarrollar tu inteligencia emocional.

Puedes encontrar tu signo lunar online, introduciendo tu fecha de nacimiento en una calculadora de cartas natales. Aunque no conozcas tu hora de nacimiento, es posible que puedas determinarlo si la Luna no cambió de signo el día de tu nacimiento.

★ TU SIGNO LUNAR ★

Luna en Aries

Fogosos e impulsivos, los individuos con la Luna en Aries se enamoran y desenamoran rápidamente. La asertividad y la honestidad son rasgos característicos que los definen. Aprender a tener en cuenta las consecuencias de sus actos beneficiará a todos.

Luna en Tauro

Las personas con la Luna en Tauro son comprometidas, seguras y cautelosas al planificar, por lo que les iría bien mayor espontaneidad y expresión emocional.

Luna en Géminis

Las personas con Luna en Géminis se basan en la lógica y la experiencia más que en los instintos. Disfrutan de los estímulos mentales, pero les sería beneficioso establecer conexiones emocionales más profundas.

Luna en Cáncer

Las personas con la Luna en Cáncer son muy intuitivas, sensibles y protectoras. Dan prioridad a un hogar confortable y a las conexiones familiares, pero no les iría mal aprender a distanciarse.

Luna en Leo

Estas personas cálidas y generosas brillan bajo los focos. Si aprenden a dejar a un lado su ego para dejar espacio a los demás, aprenderán de ellos.

Luna en Virgo

Prácticas y analíticas, las personas con la Luna en Virgo suelen expresar su afecto a través de sus acciones. Su timidez esconde un corazón romántico, pero pensar demasiado y tratar de cambiar a los demás puede ser estresante. Cultivar la aceptación les puede ayudar.

Luna en Libra

Las personas con Luna en Libra valoran la armonía y el equilibrio por encima de todo. Diplomáticas y sociables, sacarían un buen partido si fueran más decididas y aceptarán las confrontaciones.

Luna en Escorpio

Las personas con Luna en Escorpio experimentan emociones intensas y transformadoras. Profundizan en el subconsciente y valoran la autenticidad emocional. Podrían trabajar en su tendencia al secretismo y al rencor.

Luna en Sagitario

Las personas con la Luna en Sagitario son optimistas y aventureras. La libertad, la expansión emocional y la exploración son cruciales para evitar la inquietud, pero deben abordar su tendencia a huir de los problemas.

Luna en Capricornio

Las personas con la Luna en Capricornio se toman las emociones muy en serio y rara vez eluden sus responsabilidades. Prefieren expresar su cariño de forma práctica. Abrirse más a los otros sería un objetivo útil.

Luna en Acuario

Poco convencionales y de mente abierta, las personas con la Luna en Acuario desean hacer del mundo un lugar mejor, pero deben profundizar sus vínculos emocionales para establecer conexiones más íntimas.

Luna en Piscis

Las personas con la Luna en Piscis son empáticas e imaginativas. Navegan por las emociones con intuición y creatividad, pero deben protegerse contra el escapismo.

✦ MERCURIO: EL MENSAJERO ✦

El dios romano Mercurio comenzó su vida como Hermes, el dios mensajero de la mitología griega. En astrología, Mercurio es considerado como el planeta de la comunicación y las conversaciones cotidianas. Representa nuestra mente, cómo pensamos y nos expresamos. Mercurio gobierna nuestra memoria y nuestros procesos mentales e indica si somos lógicos o intuitivos. También indica si nos gusta compartir ideas o trabajar de forma independiente.

Mercurio en la carta natal

Si se encuentra en tu signo ascendente, Mercurio potenciará y enfatizará las tendencias comunicativas e intelectuales de tu personalidad pública. El signo ascendente representa la «máscara» que nos ponemos para actuar en sociedad. En esta posición, Mercurio realza los modales sociales de una persona, aunque estos rasgos difieran de su verdadero yo o de su signo solar.

La ubicación de Mercurio en un signo solar específico entrelaza los rasgos mercuriales de la comunicación y el intelecto con la naturaleza esencial y la identidad central de un individuo. Esto influye en su estilo cognitivo, sus procesos mentales, sus preferencias de aprendizaje, su expresividad, su creatividad y sus tendencias para la toma de decisiones.

★ MERCURIO RETRÓGRADO ★

¿Alguna vez has sentido que no te estás expresando correctamente? Tus correos electrónicos no se interpretan con la intención que tú tenías, o tal vez se malinterpretan por completo. Quizás estés experimentando un ciclo de Mercurio retrógrado.

Mercurio parece ralentizarse y luego retroceder por el cielo tres o cuatro veces al año. Este fenómeno se conoce como Mercurio retrógrado y dura unas tres semanas. Se trata de una ilusión óptica que se produce debido a las posiciones y velocidades relativas de la Tierra y Mercurio en sus órbitas alrededor del Sol, tal y como se ven desde la Tierra.

En estos momentos, las áreas de la vida regidas por Mercurio pueden parecer caóticas y perturbadas; pensemos en fallos tecnológicos, malentendidos en la comunicación y retrasos en los planes de viaje.

Sin embargo, eso no es malo del todo. Mercurio retrógrado también nos ofrece la oportunidad de tomarnos un «tiempo de pausa», de concedernos ralentizar el un ritmo, para reflexionar en lugar de proyectar, y para fomentar la claridad mental.

★ VENUS: LA COMPAÑERA ★

Cuando vemos a Venus brillando en el cielo de la mañana y por la tarde, es fácil entender por qué los romanos bautizaron a este planeta con el nombre de su diosa del amor y la belleza.

Como segundo planeta desde el Sol, Venus tiene un rol importante en las relaciones románticas y platónicas, en la atracción y el deseo. También dirige nuestro sentido estético y nuestra expresión artística.

Este planeta se relaciona con la sensualidad y la indulgencia, y nos incita a buscar experiencias placenteras y disfrutar del lujo.

Venus en la carta natal

Si Venus se encuentra en el ascendente de una carta natal, moldea la primera impresión que da una persona y sus primeros compases en una relación, exponiendo encanto, elegancia e ideales románticos.

Cuando Venus está alineada con un signo solar, las personas expresan su amor, su creatividad y su sensualidad de manera coherente con su signo solar. Esta estrecha alineación da lugar a relaciones, a elecciones estéticas y a entornos genuinos y auténticos.

⭐ MARTE: EL GUERRERO ⭐

¿Eres una persona ambiciosa o un pacificador tranquilo, feliz de dejarse arrastrar por la corriente?

Los astrólogos relacionan estos rasgos de personalidad con Marte, el ardiente planeta guerrero. Los romanos bautizaron a este planeta rojo en honor a su dios de la guerra y su equivalente griego, Ares. Ambas culturas creían que encarnaba el coraje, la asertividad, la agresividad y la voluntad de afrontar retos.

En astrología, Marte influye en nuestro impulso interior y en nuestra capacidad para tomar la iniciativa. Está detrás de nuestra vena competitiva y nuestra actitud ante la victoria o la derrota. Nuestra fuerza de voluntad, nuestra independencia y nuestra disposición a defendernos están condicionadas por Marte.

Marte en la carta natal

La posición de Marte en nuestro ascendente puede influir en la confianza, la competitividad, la asertividad y la energía que transmitimos de entrada. Además, en un signo solar, Marte indica la forma y las estrategias para responder al descontento o a los obstáculos.

A medida que Marte transita por el zodíaco, suele provocar conflictos y situaciones intensas, pero no te preocupes: son cambios que, en última instancia, impulsan el crecimiento y el desarrollo personal.

✦ SATURNO: EL CAPATAZ ✦

¡Saturno lleva las riendas con mano firme! Este cuerpo celeste se asocia con la disciplina, la responsabilidad y la estructura. Encarna la perseverancia, el trabajo duro y el pragmatismo, y destaca las áreas en las que debemos esforzarnos para aprender lecciones difíciles pero importantes.

Enfrentarse al karma no siempre es fácil. Saturno ilumina los aspectos de nuestra vida en los que somos más propensos a enfrentarnos a dificultades o a sentirnos inoportunos. Pero este planeta desafiante también nos concede el don del tiempo, enseñándonos a bajar el ritmo y a adoptar un pensamiento estratégico y un esfuerzo metódico. Cuando prestamos atención a las severas advertencias de Saturno, nos recompensa con una sensación de logro duradera e inquebrantable.

Saturno en la carta natal

La posición de Saturno en una carta natal puede afectar a nuestra actitud hacia la autoridad, la ambición y la búsqueda del éxito. Las personas con Saturno en su signo ascendente pueden parecer reservadas y formales, y suelen transmitir un aire sensato de disciplina y madurez. En un signo solar, Saturno infunde responsabilidad, pragmatismo y un enfoque en los objetivos a largo plazo, presentando los retos como oportunidades de crecimiento.

★ EL RETORNO DE SATURNO ★

Saturno tarda unos 29 años en volver a su posición original en la carta natal de una persona. Este rito de paso se denomina el «retorno de Saturno» y suele anunciar un periodo de reflexión y autodescubrimiento. A algunos, les revela que están lejos del punto adonde quieren llegar. A otros, les ayuda a asumir responsabilidades, ascensos u oportunidades para demostrar su valía.

Nuestro primer retorno de Saturno, que se produce entre los 28 y los 30 años, marca la transición de la juventud a la edad adulta. A menudo, desencadena la toma de grandes decisiones vitales, ya que las personas acceden a su dirección y sus objetivos.

Afortunadamente, tenemos una segunda oportunidad para refinar nuestros objetivos: durante nuestro segundo retorno de Saturno, que tiene lugar entre los 56 y los 60 años. Esta fase aparece cuando nos acercamos a la vejez, y nos planteamos preguntas sobre el propósito de la vida, el legado y la satisfacción personal. Como resultado, algunas personas pueden realizar cambios sustanciales en sus carreras o sus relaciones.

Aunque los tránsitos de Saturno conlleven sus desafíos, son una buena ocasión para alinear nuestras elecciones vitales con nuestro verdadero propósito.

⋆ URANO: EL REBELDE ⋆

Conocido como el planeta «despertador», los griegos lo llamaron Urano en honor a su dios del cielo, que fue derrocado por su hijo, lo que provocó un cambio significativo en la dinámica del poder.

Urano, un verdadero revolucionario, representa la rebelión, la originalidad, la independencia, el pensamiento poco convencional, los avances tecnológicos y el deseo de libertad y originalidad.

Anima a las personas a aceptar su singularidad y a desafiar las normas sociales, lo que conduce a revoluciones culturales y cambios sociales. Por otro lado, esta tendencia natural hacia la agitación y la impulsividad conllevar inestabilidad y exclusión.

Urano en la carta natal

Las personas con Urano en su signo ascendente irradian un aura vanguardista o atrevida. A menudo son creadores de tendencias que sorprenden a los otros con sus repentinas reinvenciones o su particular visión de la vida.

En una carta natal en la que Urano se alinea con el signo solar, hay una inclinación natural hacia el pensamiento progresista, el activismo y la innovación. Estas personas pueden ser pioneras, desafiando las estructuras existentes e impulsando el cambio.

★ PLUTÓN: EL TRANSFORMADOR ★

Plutón, un planeta enano a las afueras de nuestro sistema solar, a menudo es comparado con el dios romano del inframundo, Hades. Revela verdades ocultas y provoca cambios profundos.

Descubierto en 1930, Plutón también ha sido visto como un planeta «generacional» debido a su lento movimiento a través del zodíaco. Mientras que el Sol recorre los doce signos astrológicos cada año, Plutón solo se mueve a través de una pequeña fracción de un signo durante ese mismo tiempo. Plutón entró en Acuario en marzo de 2023, donde permanecerá durante aproximadamente veinte años.

Plutón en la carta natal

Dado que Plutón transita muy lentamente por cada signo del zodíaco, su posición influye más en los temas generacionales que en los individuales. Sin embargo, cuando se alinea con tu signo solar, amplifica el propósito de tu vida. La influencia de Plutón en el ascendente crea un aura magnética que conduce a relaciones intensas.

La posición de Plutón en tu carta natal también puede revelar tus sombras ocultas o más oscuras. Enfréntate a tus miedos y Plutón te recompensará poniendo en tu mano las herramientas para la sanación y el crecimiento.

✶ NEPTUNO: EL ENCANTADO ✶

¿Eres creyente, escéptico o incluso un falso profeta? Tú decides dónde trazar la línea, pero todo es posible a través de la lente cambiante de Neptuno.

Este enigmático planeta interviene en la creencia, la incredulidad y el misterioso reino de los sueños, las ilusiones y la espiritualidad, otorgando una influencia mística y encantadora.

El nombre Neptuno proviene de la mitología romana, donde a este dios se le llamó así por su papel como hermano de Júpiter y Plutón.

Neptuno en la carta natal

La posición de Neptuno en una carta natal revela la delgada línea que separa la ilusión de la iluminación. Descubre los sueños, los anhelos subconscientes, las ilusiones románticas, a los salvadores... y a los torturadores.

El impacto de Neptuno en el signo ascendente puede aportar un aire soñador de misterio y sintonía espiritual. Sin embargo, por ello pueden parecer esquivos o estar algo desconectados de la realidad.

La influencia de Neptuno en los signos solares aporta una cualidad etérea e imaginativa, que potencia la sensibilidad, la empatía y la conexión con lo espiritual.

★ JÚPITER: EL GIGANTE ★

¡Todo el mundo necesita un Júpiter en su vida! Este gigante amistoso es conocido tradicionalmente como el «gran benefactor» gracias a su reputación de crecimiento, buena fortuna y optimismo. Los astrólogos creen que Júpiter aporta abundancia y amplía nuestra perspectiva de la vida. Este planeta también se asocia con la generosidad, la sabiduría y el amor por la exploración.

Júpiter en la carta natal

En la carta natal, la posición de Júpiter indica las áreas en las que uno busca el crecimiento y la realización. Los astrólogos relacionan sus aspectos positivos con el optimismo, el entusiasmo y la propensión a asumir riesgos.

Júpiter en el signo ascendente mejora el comportamiento externo de una persona con optimismo, generosidad y una visión del mundo más amplia, lo que fomenta un enfoque positivo y expansivo de la vida.

Júpiter en el signo solar incrementa la identidad central de alguien con un espíritu generoso y optimista, fomentando la búsqueda del desarrollo personal, la abundancia y el positivismo. Sin embargo, una influencia excesiva de Júpiter puede conducir al exceso, a la indulgencia o a expectativas poco realistas.

★ TODO SOBRE LAS CARTAS NATALES ★

¡Vamos a profundizar en las cartas natales! Como ya sabes por el capítulo uno, una carta natal es una instantánea de cómo se veía el cielo cuando alguien nació.

Estas herramientas utilizadas en la astrología occidental y védica también se denominan cartas astrales. Los astrólogos crean este complejo mapa en varios formatos, según su tradición o el objetivo buscado.

Las cartas occidentales se dividen en varios sistemas: Placidus es el más popular y fracciona el cielo en función de las horas de salida de los grados del zodíaco. El sistema Koch es similar al Placidus, pero utiliza cálculos diferentes. El sistema de casas iguales asigna a cada casa una porción igual de 30 grados, comenzando por el ascendente. Las casas de signos completos alinean cada signo del zodíaco con una casa completa.

La astrología védica tiene dos tipos principales de cartas: la del norte de la India, que utiliza un sistema de casas fijas con posiciones planetarias cambiantes, y la del sur, que coloca las casas en una disposición cuadrada.

Actualmente, distintas aplicaciones ofrecen tipos de cartas adicionales, como las binarias, para el análisis de relaciones.

Cada tradición astrológica tiene su propio conjunto de reglas, simbolismo y métodos de interpretación.

✶ EL SISTEMA DE CASAS IGUALES ✶

El sistema de casas iguales es un método fácil de usar para los principiantes debido a su sencillo enfoque. Cada una de las doce casas tiene exactamente 30 grados, lo que simplifica los cálculos y las interpretaciones. El ascendente marca la primera casa, lo que ayuda a identificar el punto de partida de la carta y a comprender su influencia en la personalidad.

A diferencia de otros, como el Placidus, este sistema evita las complicaciones que surgen en altas latitudes. Es coherente en todas partes, lo que ayuda a los neófitos a aprender los aspectos planetarios y los significados de las casas sin matemáticas complejas. Su histórico uso en todas las culturas aumenta su credibilidad.

El sistema de casas iguales permite centrarse en los aspectos básicos, como los signos del zodíaco, los significados planetarios y aspectos sencillos, antes de pasar a sistemas más complejos. Ofrece una visión clara y equilibrada de la carta, lo que hace que la astrología sea accesible y fácil de entender.

✦ CREACIÓN DE UNA CARTA NATAL ✦

Para crear una carta natal, se necesita la fecha, la hora y el lugar de nacimiento. Existen muchos servicios gratuitos online en los que se pueden introducir los datos para generar una carta natal. Algunos sitios web populares son Astro.com y CafeAstrology.com. También hay opciones de software que se pueden comprar o descargar gratuitamente. Como alternativa, un astrólogo profesional puede crear e interpretar tu carta.

Tu carta natal es un punto de partida natural, pero ¿sabías que también puedes elaborar cartas de acontecimientos? Los astrólogos siempre se han fijado en las condiciones planetarias que operan cuando se desencadena una guerra, para la coronación de un monarca y para la toma de posesión de un cargo político. También se pueden crear cartas para analizar fechas importantes, como el día de la boda o incluso cuando alguien ganó la lotería.

Leer una carta puede parecer abrumador al principio, pero con dedicación y perseverancia, lo conseguirás. Veamos un ejemplo de carta para empezar este emocionante viaje.

★ EJEMPLO DE CARTA NATAL ★

Esta es una carta natal que utiliza el sistema de casas iguales para alguien nacido el 1 de mayo de 1969 a las 17:55 en Glasgow, Escocia. Puedes obtener fácilmente online una carta para cualquier acontecimiento que desees.

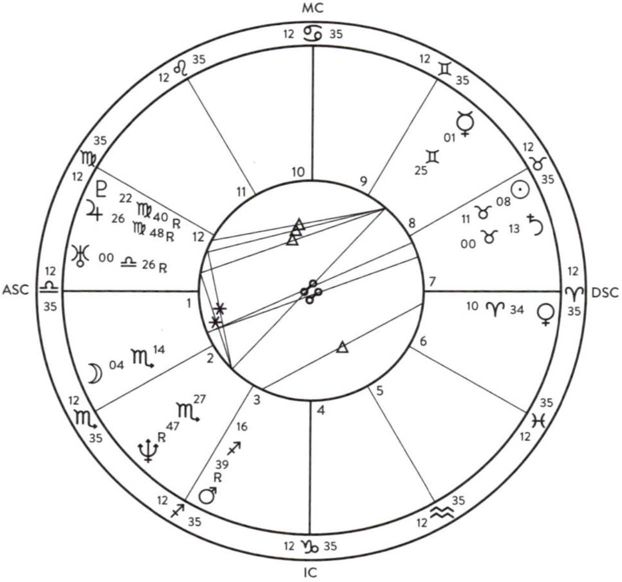

Esta es la cuadrícula que muestra los aspectos formados por cada planeta en la misma carta natal, y debajo están los símbolos relevantes.

Cuadrícula de los ASPECTOS para la carta natal opuesta.

	☉	☽	☿	♀	♂	♃	♄	♅	♆
☽	☍								
☿									
♀			△						
♂			△						
♃		△							
♄		☍							
♅		△			☌				
♆		☍			✶			✶	
♇		△			☌			☌	✶

☌ **Conjunción** – **0 grados (fuerte)**

✶ **Sextil** – **60 grados de separación (armonioso)**

☐ **Cuadratura** – **90 grados de separación (desafiante)**

△ **Trígono** – **120 grados de separación (armonioso)**

☍ **Oposición** – **180 grados de separación (extremista)**

✦ CLAVE DE SÍMBOLOS ✦

Aquí aparecen los símbolos que de la carta astral y sus nombres.

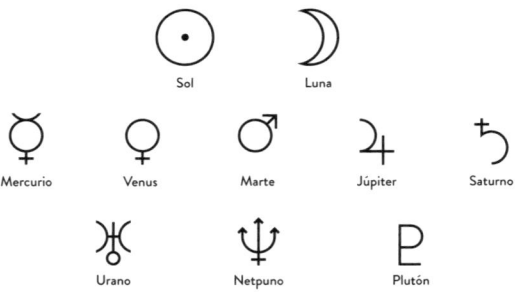

Sol · Luna

Mercurio · Venus · Marte · Júpiter · Saturno

Urano · Netpuno · Plutón

Aries · Tauro · Géminis · Cáncer · Leo · Virgo

Libra · Escorpio · Sagitario · Capricornio · Acuario · Piscis

✦ CÓMO LEER LA CARTA ✦

Un diagrama circular representa los doce signos zodiacales en secciones de 30 grados, dispuestos en sentido antihorario a partir del ascendente. La astrología occidental coloca el ascendente a la izquierda, lo que representa la carta desde el punto de vista del individuo. El ascendente marca la cúspide de la primera casa. Los otros once signos completan el círculo en sentido antihorario, definiendo las doce casas. Una casa vacía en una carta natal indica que no había ningún planeta situado en esa casa en el momento del nacimiento.

El orden tradicional utilizado para hacer la narrativa de la lectura es el siguiente:

Ascendente
Libra 1ª casa asociada con Aries

Luminarias
Sol en Tauro (7ª casa asociada con Libra)
Luna en Escorpio (2ª casa asociada con Tauro)

Planetas interiores
Mercurio en Géminis (8ª casa asociada con Escorpio)

Venus en Aries (6ª casa asociada con Virgo)
Marte en Sagitario (3ª casa asociada con Géminis)

Planetas exteriores
Júpiter en Virgo (12ª casa asociada con Piscis)
Urano en Libra (12ª casa asociada con Piscis)
Plutón en Virgo (12ª casa asociada con Piscis)

El **Sol** en Tauro sugiere estabilidad, paciencia y terquedad, mientras que la séptima casa en Libra indica un deseo de auto-descubrimiento a través de las interacciones sociales.

La **Luna** en Escorpio intensifica estos rasgos, creando tensión entre la necesidad de seguridad y las tendencias transformadoras.

Esta persona con un **ascendente** Libra quiere parecer agradable y justa, pero las emociones le superan debido a la Luna en la primera casa.

Mercurio en Géminis potencia la actividad mental y las habilidades comunicativas, especialmente en la octava casa, lo que fomenta el deseo de establecer conexiones intelectuales profundas. La desventaja de esto podría ser una mente inquieta.

Venus en Aries confiere una naturaleza impulsiva que, aunque divertida, puede ser impredecible. Situado en la sexta casa, sugiere que la persona busca emoción en su rutina diaria.

Marte en Sagitario en la tercera casa refleja una naturaleza extrovertida y de mente abierta.

Júpiter en Virgo indica realismo y una fuerte ética de trabajo, aunque ese perfeccionismo puede plantear retos, especialmente en la duodécima casa, donde se manifiestan la imaginación y los anhelos espirituales.

Saturno en Tauro en la séptima casa sugiere un deseo de estabilidad y seguridad, por lo que se sentirá cómodo con parejas mayores.

En Libra, **Urano** en la duodécima casa fomenta las conexiones psíquicas intuitivas, lo que puede conducir a sueños vívidos y a una fascinación por lo sobrenatural. Dejar sin explotar estos dones psíquicos podría provocar frustración.

Neptuno en Escorpio potencia la imaginación o la manipulación. En la segunda casa, esto podría conducir al engaño o al desengaño financiero. Una expresión positiva podría ser una lucrativa carrera en el mundo de las artes.

Plutón en Virgo impulsa la autocrítica y la transformación. La duodécima casa lo lleva a su interior, fomentando el orden en su mente. Con su introspección bajo control, esta persona sería un gran terapeuta.

✦ LOS ASPECTOS PLANETARIOS ✦

La cuadrícula de la página opuesta a la carta natal muestra los aspectos planetarios. Los aspectos principales de esta carta son:

★ **Sol en oposición a la Luna:** el Sol (carácter fundamental) polariza a la Luna (emociones).

★ **Luna en oposición a Saturno:** la Luna (emociones) polariza a Saturno (restricción).

★ **Venus en trígono con Marte:** Venus (amor y belleza) armoniza con Marte (deseo de acción).

★ **Neptuno en sextil con Urano, Júpiter y Plutón:** Neptuno (intuición) armoniza con Urano (cambio), Júpiter (suerte y expansión) y Plutón (transformación).

★ **Mercurio en trígono con Urano, Júpiter y Plutón:** Mercurio (comunicación) armoniza con Urano (cambio), Júpiter (suerte y expansión) y Plutón (transformación).

★ **Neptuno en oposición a Mercurio:** Neptuno (intuición) se opone a Mercurio (comunicación).

★ **Júpiter en conjunción con Urano y Plutón:** Júpiter (suerte y expansión), Urano (cambio) y Plutón (transformación) se ven reforzados.

TU CARTA NATAL
★ **ES SOLO EL COMIENZO** ★

La primera vez que ves tu carta natal es como andar en la oscuridad. A medida que tus ojos se adaptan, aparecen pequeños destellos de luz, pero ¿adónde te conducen? ¿Qué significan?

Descifrar los planetas y su orientación cósmica puede parecer algo muy lejano, pero recuerda que incluso las constelaciones más deslumbrantes comenzaron con una sola estrella.

Esta aventura trata sobre el viaje, no sobre el destino, donde cada destello de inspiración suscita otra pregunta, otra sorpresa.

Disfruta del viaje y recórrelo con curiosidad y con los ojos bien abiertos. Tu carta natal no es un mapa grabado en piedra. Es un satélite dinámico que ilumina tu camino, señalando los atajos, los baches y los hermosos paisajes que encontrarás en tu transcurso vital.

El cielo nocturno no va a desaparecer y tu carta natal es un recordatorio de que formas parte de algo mucho más grande que tú mismo. Así que, tanto si estás descifrando cada detalle de tu carta como si estás profundizando en tu horóscopo diario, ten en cuenta que el viaje acaba de empezar. ¡El cielo es el límite!

CAPÍTULO CUATRO:
QUÉ PUEDE APORTAR
LA ASTROLOGÍA
A TU VIDA

¡Enhorabuena, astrólogo! Has absorbido la
historia de la astrología y has desvelado los
secretos de tu carta natal. Pero ¿y ahora qué?

En este último capítulo, te vas a dejar llevar y pasarás
de la teoría a la práctica. Te adentrarás en la astrología
desde una perspectiva totalmente personal.

Verás cómo puedes aprovechar esta herramienta para
potenciar tus puntos fuertes, armonizar tus relaciones y
comprender tus desencadenantes personales. Imagínate
que pudieras alinear tu proyecto empresarial con
los ciclos lunares, ampliar tus recursos financieros
durante el reinado de Júpiter o aprovechar el ardiente
pulso de Marte para impulsar tu activismo.

Prepárate para transformar tu conocimiento celestial
en un superpoder práctico. Ya ha llegado el momento
de dejar de lado tu asombro cósmico y ponerte
manos a la obra, pues que se avecina la siguiente
y emocionante parte de tu viaje astrológico.

ASTROLOGÍA PARA
★ **EL BIENESTAR EMOCIONAL** ★

Aprovechar los ciclos lunares

Los astrólogos creen que la Luna influye significativamente en nuestras emociones y nuestro yo interior. Tu signo lunar desempeña un papel importante, pero ¿sabías que sintonizar con las fases lunares también puede beneficiar tu bienestar emocional?

Al igual que todos los planetas, la Luna no emite luz, es iluminada por el Sol, y el resplandor que vemos es un reflejo de esa luz. El Sol siempre ilumina la mitad de la Luna, pero el movimiento de la Luna alrededor de la Tierra cambia nuestra perspectiva de esa zona iluminada, generando las fases lunares.

¿A veces te sientes más sensible durante la luna llena? ¿O eres más introspectivo durante la fase de luna creciente? Sigue leyendo para descubrir cómo este satélite afecta a nuestras emociones durante su danza rítmica alrededor de la Tierra, y cómo puedes aprovechar esta poderosa energía.

★ La luna nueva aporta una sensación de renovación, como si se borrara la pizarra anímica para empezar de nuevo. Tendemos a ser más introspectivos y ocultar nuestras emociones, por lo que se convierte en un momento ideal para delimitar objetivos.

★ Durante la fase creciente, aumenta nuestra energía y estamos más extrovertidos, por lo que las emociones salen a la luz más fácilmente, motivándonos. La fase creciente amplifica la energía, la concentración y el crecimiento emocional.

★ Cuando hay luna llena, la sensibilidad y la intuición se disparan. Es el momento de aceptar tus emociones y sentirlas profundamente. ¡Prepárate para revelaciones afectivas!

★ En la fase menguante, las energías comienzan a decaer y la concentración disminuye. Es el momento de bajar el ritmo, reflexionar y liberarte de aquello que ya no te sirve.

SIENTE TUS EMOCIONES
★ AL MÁXIMO BAJO LA LUNA LLENA ★

Cada 29,5 días, la Luna se alinea frente a la Tierra, reflejando completamente la luz del Sol y creando el cautivador espectáculo de la luna llena. Según los astrólogos, cuando se da este crescendo, sus energías alcanzan el punto álgido.

Es posible que ahora sientas con más fuerza la influencia de tu signo lunar. Puedes compensar tal energía practicando los siguientes rituales y meditaciones adaptados a tu signo lunar bajo la luna llena.

Signo lunar Aries. Escucha tus sentimientos, aunque solo sea una noche, permítete sumirte en ellos.

Signo lunar Tauro. Baila bajo la luna para liberar cualquier emoción estancada.

Signo lunar Géminis. Sintoniza con tu cuerpo y aléjate de tu mente pensante.

Signo lunar Cáncer. Date un baño de luz de la luna para deshacerte de todo lo que ya no te sirve.

Signo lunar Leo. Deja que esta noche la luna sea la protagonista y disfruta como espectador.

Signo lunar Virgo. Resiste ante la necesidad de arreglar las cosas, confía en fuerzas más grandes que tú.

Signo lunar Libra. Medita y acepta las confrontaciones o el miedo a estar solo.

Signo lunar Escorpio. Visualiza la luz de la luna iluminando vulnerabilidades ocultas.

Signo lunar Sagitario. No huyas más de aquello que te asusta y encuentra la calma.

Signo lunar Capricornio. Visualiza tus emociones a partir de los rayos de luna, que iluminan a todas las personas con las que te encuentras.

Signo lunar Acuario. Enciende un fuego y reúne a tus amigos para compartir un círculo.

Signo lunar Piscis. Tómate un tiempo para ti mismo y sé creativo.

✦ MOMENTO DIVINO ✦

¿Sabías que puedes hacer servir las condiciones astrológicas para maximizar un éxito profesional? Las aplicaciones de astrología, los sitios web, los calendarios, los almanaques y las redes sociales suelen detallar las condiciones astrológicas actuales.

★ La luna nueva favorece el iniciar un proyecto laboral o entrar en ofertas de trabajo. Fija tus intenciones y haz planes.
★ El movimiento de Júpiter aumenta el optimismo y abre las puertas al crecimiento profesional; busca esos momentos en los que Júpiter destaca en el cielo.
★ Los aspectos armoniosos entre el Sol y Júpiter suelen traer transiciones y colaboraciones fluidas.
★ Los eclipses solares y lunares sacuden el *statu quo*, despejando el camino para nuevas direcciones profesionales.

Periodos difíciles para los cambios profesionales
★ Los retrocesos de Mercurio interrumpen la comunicación y causan retrasos. Ten paciencia.
★ Los movimientos significativos de Saturno traen consigo desafíos. Concéntrate en el aprendizaje y la resiliencia.
★ Los eclipses conllevan cambios abruptos. Mantén la capacidad de adaptación, pero no seas impulsivo.

★ ASTROLOGÍA PARA UNA CARRERA ESTELAR ★

Cuando se trata de tu carrera profesional, ¡apunta a las estrellas! En tu carta natal, el medio cielo, o *medium coeli*, es el punto más alto sobre el horizonte en el momento de tu nacimiento. Este punto simboliza tus objetivos profesionales, tu imagen pública y tu estatus social.

Por lo tanto, si necesitas tomar impulso en tu carrera o estás luchando con un dilema en el lugar de trabajo, busca inspiración en tu medio cielo. Si lo que sucede es que te sientes insatisfecho y buscas una nueva dirección, ¡aprovecha las fortalezas que van asociadas con tu signo zodiacal de tu medio cielo para obtener unos resultados estelares!

Mediante calculadoras de cartas natales online o con aplicaciones astrológicas, podrás identificar tu medio cielo. Selecciona «signos completos» como sistema de casas y busca el símbolo «MC» en la parte superior de la carta. El signo zodiacal que se cruza con esa línea revela tu medio cielo.

★ SIGNOS DEL MEDIO CIELO ★

Medio cielo en Aries
Ventaja: tu iniciativa y tus habilidades de liderazgo.
Estrategia: da el primer paso y los demás te seguirán.
¡Inspírate e inspira a los demás!

Medio cielo en Tauro
Ventaja: tu estabilidad y tu sentido práctico.
Estrategia: céntrate en los objetivos a largo plazo, la fiabilidad
y las soluciones prácticas. Tu enfoque sensato te hará ganar.

Medio cielo en Géminis
Ventaja: tu capacidad de comunicación y versatilidad.
Estrategia: pregunta a tu alrededor y adáptate a cualquier cosa que
surja. En tu mejor momento, eres una persona accesible y versátil.

Medio cielo en Cáncer
Ventaja: tu atención al detalle.
Estrategia: sé la persona que se fija en las pequeñas cosas
que marcan una gran diferencia. ¡Ese es tu superpoder!

Medio cielo en Leo
Ventaja: tu confianza y tu creatividad.
Estrategia: ilumina la sala con tu carisma y entusiasma a los demás.
¡Eres un gran líder!

Medio cielo en Virgo
Ventaja: tus habilidades analíticas y tu atención al detalle.
Estrategia: utiliza tus habilidades analíticas para detectar
particularidades que otros pasan por alto y ofrecer
soluciones prácticas.

Medio cielo en Libra

Ventaja: tu diplomacia y tu encanto.
Estrategia: fomenta la armonía, encuentra puntos en común
y negocia soluciones mutuamente beneficiosas para todos.

Medio cielo en Escorpio

Ventaja: tu intensidad y tu intuición.
Estrategia: si tienes una corazonada, no temas seguirla
con esa pasión que solo tú aportas.

Medio cielo en Sagitario

Ventaja: tu espíritu aventurero y optimista.
Estrategia: deja que tu actitud positiva y abierta te ayude
a crecer en cualquier situación.

Medio cielo en Capricornio

Ventaja: tu ambición y tu disciplina.
Estrategia: apunta alto, crea un plan y concéntrate en él.
¡Nada supera el compromiso de Capricornio!

Medio cielo en Acuario

Ventaja: tu innovación y tu independencia.
Estrategia: aprovecha tu perspectiva inimitable, ¡es tu punto fuerte!

Medio cielo en Piscis

Ventaja: tu compasión y tu creatividad.
Estrategia: deja que tu intuición te guíe hacia colaboraciones
creativas. ¡Crearás algo extraordinario!

RELACIONES ESCRITAS
EN LAS ESTRELLAS

¿Cuánto tiempo tardas en evaluar los rasgos del zodíaco de tus posibles parejas?

La astrología es una poderosa lente para explorar la química natural entre dos almas. La práctica de la sinastría o de cartas compuestas nos permite centrarnos en áreas únicas de atracción y afinidad en una relación. Pero, incluso sin conocer toda la información de la carta natal, puedes hacerte una idea general de la compatibilidad básica entre dos signos.

Conocer el signo solar de alguien puede darnos una idea de cómo interactuar con esa persona. Algunas parejas chispean y encienden la pasión. Otras se reflejan mutuamente, ofreciendo una fácil reflexión. Otras nos hacen crecer gracias a su posición polar en el zodíaco.

La astrología no consiste en predecir el destino de una relación, sino en arrojar luz sobre las áreas de conexión, armonía y posibilidad de transformación. Puede ayudarnos a navegar entre distintos hábitos, enfrentamientos y sinergias. Así que, entra en tu baile astrológico con otra persona, pero recuerda que, aunque las estrellas susurren una melodía, tú siempre eres libre de bailar al son de tu propia música.

✦ LA FIESTA CÓSMICA ✦

Imagina que organizas una fiesta repleta de estrellas, con los doce signos del zodíaco, que van a conocerse. ¿Quiénes se evitarían? ¿Quiénes se lanzarían a un duelo de baile? ¿Quiénes se irían a susurrar al rincón oscuro de la sala? Todo depende de las triplicidades, cuadruplicidades y polaridades.

✦ TRIPLICIDADES ✦

Cada signo pertenece a un clan cósmico: fuego, aire, tierra o agua.

Signos de fuego: Aries, Leo y Sagitario aportan calor e inauguran la fiesta.

Signos de aire: Géminis, Libra y Acuario son los más sociables.

El aire adora la calidez y el espíritu aventurero del fuego. El fuego ama el intelecto del aire y su capacidad para avivar sus llamas.

Signos de tierra: Tauro, Virgo y Capricornio son los invitados más adecuados para lograr que la fiesta fluya.

Signos de agua: Cáncer, Escorpio y Piscis añaden profundidad y misterio, agitando las emociones.

La tierra encuentra consuelo en la inteligencia emocional del agua, mientras que el agua acoge la estabilidad de la tierra.

✦ CUADRUPLICIDADES ✦

Las triplicidades son solo el principio: la fiesta del zodíaco también se divide en tres grupos de cuatro signos que comparten las mismas cualidades. Estas cuadruplicidades se denominan cardinales, fijas y mutables, y se agrupan de la siguiente manera:

Signos cardinales
Aries, Cáncer, Libra y Capricornio son los iniciadores, los planificadores que escriben las recetas del cóctel.

Signos fijos
Tauro, Leo, Escorpio y Acuario son los ingredientes básicos y los favoritos, sin ellos la fiesta no está completa.

Signos mutables
Géminis, Virgo, Sagitario y Piscis son los adornos creativos y las energías innovadoras inspiradas en la noche.

Los sabores no siempre combinan bien: los **cardinales** pueden aburrirse de los signos **fijos**, y **los mutables** pueden chocar con los **fijos**. Pero, cuando encuentran su armonía, estos ingredientes variados se complementan para convertirse en deliciosas sensaciones gustativas.

✦ POLARIDADES ✦

¿Alguna vez te has preguntado por qué los opuestos se atraen y, al mismo tiempo, se sacan de quicio? Los astrólogos suelen explicar esto a través de las polaridades. El zodíaco tiene seis pares de signos opuestos con energías complementarias y contrastantes. Las polaridades son:

★ **Aries (fuego) contra Libra (aire):** independencia contra compromiso, acción contra diplomacia, impulsividad contra equilibrio.

★ **Tauro (tierra) contra Escorpio (agua):** practicidad frente a pasión, sensualidad contra seguridad, posesividad contra abundancia.

★ **Géminis (aire) contra Sagitario (fuego):** curiosidad contra convicción, alegría contra propósito, ideas dispersas contra persecución de objetivos.

★ **Cáncer (agua) contra Capricornio (tierra):** cuidado contra construcción, seguridad emocional contra estabilidad material, exploración interior contra logros externos.

★ **Leo (fuego) contra Acuario (aire):** creatividad contra innovación, autoexpresión contra visión humanitaria, búsqueda de atención contra altruismo.

★ **Virgo (tierra) frente a Piscis (agua):** análisis frente a empatía, servicio frente a intuición, sensatez frente a misticismo.

ASTROLOGÍA PARA
★ LA ESPIRITUALIDAD ★

¿Alguna vez has contemplado las estrellas y te has quedado maravillado? ¿Has deseado conectar con el universo y descubrir cuál es tu lugar en él? La astrología no es solo un juego de adivinos, sino un puente resplandeciente entre tú y el cielo.

Durante miles de años, los astrónomos han entrelazado los movimientos de los planetas y las estrellas con sus prácticas y creencias espirituales. Los ritmos del universo han inspirado rituales, mitos e incluso las historias de nuestros dioses, fomentando un sentido de pertenencia a algo más grande que nosotros mismos. La astrología nos recuerda que formamos parte de una historia cósmica más amplia que abarca todas las religiones y culturas; una historia que se ha desarrollado durante eones y que continuará haciéndolo mucho después de que nosotros ya no estemos aquí.

La forma en que incorporas la astrología a tu camino espiritual es algo totalmente personal; pues no impone dogmas ni cuestiona las creencias existentes, sino que puede complementar tus prácticas, aportando profundidad y un significado único a tu conexión con lo divino.

RITUALES ASTROLÓGICOS PARA PROFUNDIZAR EN TU ESPIRITUALIDAD

Renueva tus conexiones espirituales bajo la luna nueva

Siéntate bajo la luna nueva. Purifícate quemando hierbas o incienso. Enciende una vela nueva e invita a tu energía divina preferida a que se acerque. En silencio, báñate bajo los rayos lunares. Purifica tus dudas y siente una conexión renovada.

Canaliza lo divino a través de los cuerpos celestes

Contempla el cielo nocturno y cualquier cuerpo celeste visible, obsérvalos como manifestaciones divinas o representaciones de deidades de tu propia tradición. ¿Transmiten algún mensaje que te ayude a fortalecer tu espiritualidad? Anota cualquier idea en un diario. Haz una ofrenda simbólica para fortalecer tu conexión y mostrar gratitud. Termina con un momento de quietud, cultivando la reverencia y el aprecio por la inmensidad del cosmos.

Evoca a Saturno para crear una rutina espiritual

Levántate al amanecer para presenciar la aparición de Saturno en el cielo. Sostén un cristal, enciende una vela y canta un mantra para conectarte con lo divino. Pídele a Saturno que te ayude a mantener cualquier rutina espiritual a lo largo del día. Como recordatorio de tus compromisos, lleva contigo ese cristal cargado de energía.

INSPIRACIÓN DIVINA DE LOS
★ ACONTECIMIENTOS ASTROLÓGICOS ★

A lo largo de la historia, vemos cómo multitud de culturas han asociado acontecimientos astronómicos con momentos sagrados.

Amaneceres y atardeceres. Los ancianos de la tribu hopi recitan oraciones al amanecer para expresar su agradecimiento y promover el bienestar. En los santuarios sintoístas, los sacerdotes realizan rituales frente al sol naciente, al que consideran una fuente de vida y renovación.

Solsticios. El solsticio de invierno es el día más corto del año, con celebraciones como el Yule pagano y el Yalda en Irán. El solsticio de verano es el día más largo, con festivales como el solsticio de verano en Escandinavia e Ivan Kupala en Rusia y Ucrania.

Eclipses solares. En las antiguas culturas china y maya, los tambores y los cánticos protegían al Sol durante los eclipses. Hoy en día, los paganos modernos reflexionan y liberan la negatividad cuando se producen.

Lunas llenas. La luna llena se ha relacionado con un aumento de la energía y la intensificación de las emociones. Los hindúes celebran el Raksha Bandhan para fortalecer los lazos entre hermanos, mientras que las tribus nativas americanas realizan rituales de purificación para liberar la negatividad.

Lunas nuevas. La luna nueva simboliza comienzos y reinicios, sus apariciones son perfectas para establecer intenciones. Las celebraciones wiccanas, como Samhain y Ostara, tienen lugar cuando hay luna nueva y se centran en temas como la muerte y el renacimiento, la primavera y la renovación.

Eclipses lunares. Los rituales de las tradiciones hindú y budista suelen incluir meditación y cánticos para apaciguar la ira celestial. Algunas prácticas modernas consideran los eclipses como momentos para realizar un profundo trabajo interior.

Lluvias de meteoritos. Muy a menudo, se ha asociado el ver pasar una estrella fugaz con la petición de un deseo y pararse a reflexionar sobre nuestras esperanzas y sueños. En Japón, durante la lluvia de meteoritos Perseidas, lanzan flechas en llamas al cielo, simbolizando deseos y purificando la mala suerte.

Explora qué tradiciones y rituales astrológicos encajan con tus creencias e inclinaciones espirituales. Algunas prácticas astrológicas implican símbolos o costumbres sociales: asegúrate de comprender y respetar su contexto cultural antes de llevarlas a cabo.

ASTROLOGÍA PARA ★ LA LIBERTAD FINANCIERA ★

¿Estás listo para transformar tu relación con el dinero, paso a paso, bajo el cielo estrellado? Sigue leyendo para descubrir el mapa del tesoro cósmico que te llevará hacia la abundancia y unos hábitos financieros saludables.

Como planeta de la expansión, la suerte, el optimismo y la prosperidad, Júpiter tiene que ver con un crecimiento exponencial. Canaliza esta energía expansiva para atraer la fortuna a tu vida la próxima vez que Júpiter se encuentre en una posición favorable para los asuntos financieros. Este momento podría ser cuando:

★ Júpiter cambie de movimiento retrógrado a directo.
★ Júpiter se mueva a un nuevo signo.
★ Júpiter esté en un aspecto favorable con la luna nueva.
★ Júpiter esté en un aspecto armonioso con Venus.
★ Tu retorno de Júpiter se da alrededor de estas edades: 12, 24, 36, 48, 60, 72, 84 y 96 años.

Durante este periodo, haz donaciones conscientes a una causa que te apasione o sorprende a alguien con un pequeño regalo anónimo. Visualiza cómo ese acto crea una onda expansiva de generosidad que te devuelve la prosperidad.

TOMA EL CONTROL DE
★ TUS OBLIGACIONES FINANCIERAS ★
CON EL PODER PLANETARIO

¿Te preocupa pagar tus deudas? O tal vez has estado evitando tus responsabilidades y necesitas asumir el control de tu situación financiera. No busques más allá del sexto planeta a partir del Sol: Saturno.

Los astrólogos relacionan los anillos de Saturno con la responsabilidad financiera y el principio de cosechar lo que se siembra. Saturno es el planeta de la disciplina y la estructura, y sus anillos simbolizan la naturaleza cíclica de las obligaciones financieras. Prueba la siguiente meditación para aprovechar el apoyo de Saturno.

Dibuja un círculo en una superficie natural blanda, como la arena de una playa o el suelo de un bosque. Coloca una piedra negra, que simbolice a Saturno, en el centro. Entra en el círculo junto a la piedra. Ahora has ingresado en el reino de Saturno. Siente su energía estabilizadora y sus anillos rodeándote, disipando tus preocupaciones. Repite afirmaciones que declaren tu control sobre los asuntos financieros. Expresa tu gratitud a Saturno por su apoyo. Aléjate, sabiendo que Saturno te respalda. Visualizar este ejercicio es tan poderoso como llevarlo a cabo.

CULTIVA EL GASTO INTELIGENTE CON HÁBITOS ASTROLÓGICOS

★ ★

Venus es conocido como el planeta de la belleza y la calidad, mientras que Mercurio es el planeta de la utilidad y las elecciones sensatas. La próxima vez que sientas la necesidad de hacer una compra importante, intenta aprovechar su poder.

Elige una noche clara bajo la luna creciente, cuando Venus y Mercurio sean visibles. Saca dos monedas distintas y sostenlas en tus manos. Mira hacia el suroeste e inhala la energía del placer y el lujo de Venus. Pregúntale cómo gastar el dinero para lograr una alegría duradera. Piensa si la compra te aportará una belleza y un placer duraderos. A continuación, gira hacia el noroeste y siente la claridad y el discernimiento de Mercurio. Analiza la compra: ¿Es algo que realmente necesitas o un deseo pasajero? ¿Puedes permitírtelo sin que te suponga un estrés financiero? Da las gracias a los planetas por su sabiduría y pídeles que guíen tus decisiones de compra en el futuro.

Lleva esas monedas contigo y recurre a ellas cada vez que quieras comprar algo. Esta práctica te ayudará a invertir de forma más meditada y consciente.

LIBERA TU PODER FINANCIERO CON LA GUÍA CÓSMICA

Tu carta natal contiene el plano de tu relación con el dinero. La segunda casa, que rige los recursos personales y los aspectos relacionados con los planetas financieros, como Júpiter (abundancia) y Venus (valor), te da pistas sobre tu potencial de ingresos, tus hábitos de gasto y las creencias que podrían estar frenándote.

Para descubrir tu plan financiero, intenta explorar tu segunda casa. El planeta regente representa tu potencial de ingresos, valores y prioridades financieras. Busca interacciones planetarias que puedan tener influencias positivas o negativas. Seguir el movimiento de los planetas financieros en tu carta también puede ser revelador: los tránsitos y progresiones de Júpiter y Venus revelan oportunidades o desafíos en tu panorama financiero.

¿Cómo se ha manifestado tu plan astrológico en tu historial financiero y tus expectativas?

Bajo la magia de la luna nueva, vierte tus afirmaciones en una carta sincera dirigida a tu yo futuro, empoderado financieramente. Léela en voz alta frente al espejo, sellando tu compromiso con una nueva historia financiera.

★ ASTROLOGÍA PARA LA SALUD ★

¿Sabías que cada signo del zodíaco está asociado con una zona específica del cuerpo y con un perfil de salud? Comprender estas correspondencias puede ayudarte a tomar decisiones sobre tu estilo de vida que beneficien a tu signo astrológico y mejoren tu bienestar holístico. Resulta útil pensar en cada signo según los apodos que se le dan, así como en las partes del cuerpo que le corresponden.

Aries, el «iniciador enérgico»
Áreas clave del cuerpo: cabeza y cara.
Enfoque holístico de la salud:

★ Canaliza la energía dinámica a través de actividades físicas vigorosas.
★ Prueba un masaje indio de cabeza para controlar la tensión craneal y en el cuello.
★ Prioriza una dieta equilibrada para mantener altos niveles de energía.

Tauro, el «nutridor con los pies en la tierra»
Áreas clave del cuerpo: cuello y garganta.
Enfoque holístico de la salud:

★ Haz los ejercicios para el cuello y mantén una buena postura.
★ Practica actividades relajantes, como la meditación, para alcanzar el bienestar emocional.
★ Adopta una dieta equilibrada y rica en nutrientes para una salud general óptima.

Géminis, el «comunicador versátil»

Áreas clave del cuerpo: brazos, hombros y manos.
Enfoque holístico de la salud:

★ Mantén tus manos ocupadas con manualidades o tocando un instrumento musical.
★ Únete a un club de lectura, juega a juegos de estrategia o aprende un idioma; cualquier cosa que mantenga tu mente ocupada.
★ El baile latino o de salón te permitirá desarrollar tus habilidades sociales y tu versatilidad, al tiempo que ejercitas los brazos.

Cáncer, el «empático cuidador»

Áreas clave del cuerpo: pecho y estómago.
Enfoque holístico de la salud:

★ Se constante en las sesiones con tu terapeuta, entrenador o preparador físico.
★ Prioriza una dieta que favorezca la salud digestiva.
★ Crea un espacio hogareño acogedor y reconfortante.

Leo, el «líder creativo»

Áreas clave del cuerpo: corazón y parte superior de la espalda.
Enfoque holístico de la salud:

★ Favorece tu salud cardíaca con ejercicio cardiovascular.
★ Expresa tus sentimientos a través de actividades creativas.
★ Prueba ejercicios para abrir el corazón y fortalecer la parte superior de la espalda.

Virgo, el «sanador analítico»
Áreas clave del cuerpo: sistema digestivo y abdomen inferior.
Enfoque holístico de la salud:

★ Prioriza la salud intestinal con una dieta equilibrada y consciente.
★ Prueba ejercicios de respiración abdominal profunda para aliviar el estrés.
★ Crea hábitos saludables que aporten una sensación de estructura.

Libra, el «diplomático armonioso»
Áreas clave del cuerpo: riñones y zona lumbar.
Enfoque holístico de la salud:

★ Cuida tus riñones con una dieta equilibrada y mucha hidratación.
★ Elige ejercicios para la mente y el cuerpo, como el yoga, para encontrar el equilibrio.
★ Adopta rituales holísticos de belleza y cuidado personal.

Escorpio, el «investigador transformador»
Áreas clave del cuerpo: órganos reproductivos y pelvis.
Enfoque holístico de la salud:

★ Mantén tu salud reproductiva bajo control con revisiones periódicas.
★ No reprimas tus emociones: escribe un diario, grita en una almohada o prueba el yoga de la risa.
★ Da prioridad a ejercicios que fortalezcan la zona pélvica.

Sagitario, el «optimista aventurero»
Áreas clave del cuerpo: caderas y muslos.
Enfoque holístico de la salud:

★ Prueba a escalar o caminar para fortalecer las caderas y los muslos.
★ Mantén una actitud optimista y llena de aventuras.
★ Incluye estiramientos en tu rutina diaria.

Capricornio, el «triunfador disciplinado»

Áreas clave del cuerpo: huesos, articulaciones y rodillas.
Enfoque holístico de la salud:

★ Prioriza la salud ósea mediante una dieta rica en calcio
  y vitamina D.
★ Mantén un peso saludable para no ejercer demasiada presión
  sobre tus articulaciones.
★ Mantén un equilibrio entre el trabajo y la vida personal,
  y programa descansos regulares.

Acuario, el «humanitario innovador»

Áreas clave del cuerpo: sistema circulatorio y tobillos.
Enfoque holístico de la salud:

★ No te saltes los ejercicios cardiovasculares para mantener la salud
  circulatoria.
★ Busca actividades que estén en consonancia con los valores
  humanitarios.
★ Intenta caminar conscientemente, pero asegúrate de llevar
  un calzado que te proporcione sujeción.

Piscis, el «soñador intuitivo»

Áreas clave del cuerpo: los pies y el sistema linfático.
Enfoque holístico de la salud:

★ Invierte en un calzado cómodo, pedicura regular y podología.
★ Refuerza el sistema linfático con un cepillado en seco, masajes
  e hidratación.
★ Tu intuición, creatividad y bienestar emocional están
  interconectados, así que cuídalos.

★ ASTROLOGÍA PARA EL HOGAR ★

Mejora tus espacios vitales con toques astrológicos que resuenen con tu signo del zodíaco.

Aries, Leo y Sagitario

A los signos de fuego les deleitan los colores cálidos y vibrantes, obras de arte atrevidas y muebles llamativos. Los elementos metálicos añaden glamour y reflejan tu esencia ardiente. Mejora el ambiente con, por ejemplo, velas o estufas de leña.

Tauro, Virgo y Capricornio

Los espacios acogedores e inspirados en la naturaleza nutren a los signos de tierra. Busca tonos terrosos y elementos que te conecten con la tierra, como plantas de interior o cristales. Los objetos antiguos o hechos a mano aportarán un toque atemporal. Los materiales naturales —como la madera, la lana o el lino— son tus aliados.

Géminis, Libra y Acuario

Los signos de aire aprecian los espacios abiertos y modernos con tonos claros, y tienen curiosidades intelectuales, como libros u obras de arte. Un enfoque minimalista te ayuda a ser más productivo, pero recuerda fomentar tu creatividad con piezas artísticas únicas.

Cáncer, Escorpio y Piscis

Los signos de agua encuentran la serenidad con colores relajantes y texturas suaves. Busca tejidos fluidos y elementos acuáticos, pero añade profundidad emocional con fotos familiares u objetos sentimentales.

Sigue tu intuición; crear un entorno equilibrado que canalice todas las energías elementales resulta estabilizador.

⋆ **AFIRMACIONES ASTROLÓGICAS** ⋆

¿Quién no necesita un estímulo de vez en cuando? Algunas afirmaciones pueden mejorar tu estado de ánimo al instante, pero escribirlas no siempre es fácil. Ahí es donde entran en juego estas afirmaciones ya preparadas. Adaptadas a tu perfil astrológico, van directamente al corazón de tu mejor yo. Sigue estas sugerencias o utilízalas como inspiración, ¡y siente cómo tu espíritu se eleva!

Aries

Recita estas afirmaciones mientras bailas, caminas o corres, o escríbelas en una vela y quémalas.

★ «Soy el creador de mi propio camino».
★ «Mi energía es la fuerza para un cambio positivo».
★ «Acepto los retos con valentía y resiliencia».

Tauro

Graba estas afirmaciones en arena o arcilla o incorpóralas en un altar de tu casa

★ «Soy sensato, estable y seguro».
★ «Atraigo la abundancia a mi vida sin esfuerzo».
★ «La paciencia y la perseverancia me llevan al éxito».

Géminis

Repite estas afirmaciones frente al espejo o cuéntaselas a un amigo de confianza.

★ «Mi mente es aguda y mis pensamientos son claros».
★ «Acepto los cambios y me adapto con facilidad».
★ «La comunicación es mi superpoder, me conecta con los demás».

Cáncer

Conviértelas en arte mural para tu hogar o crea un frasco de afirmaciones familiares para compartir.

★ «Estoy rodeado de amor y equilibrio emocional».
★ «Me despojo de lo que ya no me sirve tranquilamente».
★ «Mi intuición me guía para tomar decisiones acertadas».

Leo

Incorpóralas a una canción y cántalas para ti mismo o para un público.

★ «Soy seguro, radiante y estoy lleno de alegría».
★ «Mi creatividad no conoce límites».
★ «Hago brillar mi luz, inspirando a otros a hacer lo mismo».

Virgo

Estas afirmaciones pueden incluirse en un diario o recitarse mientras se medita.

★ «Soy organizado, centrado y tengo el control».

★ «Cada detalle de mi vida se alinea para mejorar».

★ «Confío en el proceso de perfección de la vida».

Libra

Crea un collage estético con estas afirmaciones o inclúyelas en una carta de amor para ti mismo.

★ «Vivo en armonía con el mundo que me rodea».

★ «El equilibrio y la belleza fluyen en todos los aspectos de mi vida».

★ «Mis relaciones están llenas de amor y comprensión».

Escorpio

Transforma estas afirmaciones en poesía o prosa, o escríbelas en un papel y quémalas.

★ «Acepto la transformación y dejo atrás el pasado».

★ «Mi fuerza interior me guía a través de los desafíos».

★ «Soy un poderoso creador de mi propia realidad».

Sagitario

Grita estas afirmaciones desde la cima de una colina o un edificio alto, o crea un tablero de visualización.

★ «La aventura y el optimismo alimentan mi viaje».

★ «Estoy abierto a nuevas posibilidades y oportunidades».

★ «Mi espíritu es libre y mis posibilidades son ilimitadas».

Capricornio

Incorpora estas afirmaciones en tu diario o entiérralas bajo tierra.

★ «Soy disciplinado, centrado y decidido».

★ «El éxito es mi estado natural».

★ «Construyo los cimientos para obtener logros duraderos».

Acuario

Envíate estas afirmaciones por correo electrónico o mensaje de texto, o compártelas en las redes sociales.

★ «Acepto mi singularidad y celebro la diversidad».

★ «Mis ideas innovadoras generan cambios positivos».

★ «Soy un faro de luz que inspira el progreso colectivo».

Piscis

Busca obras de arte que simbolicen estas afirmaciones o repítelas en el baño.

★ «Confío en el flujo de la vida y me rindo al universo».

★ «Mi creatividad e intuición me guían hacia la plenitud».

★ «El amor y la compasión son la esencia de mi ser».

CONCLUSIÓN: TODOS ESTAMOS HECHOS DE ESTRELLAS

¿Qué te llevó a elegir este libro? ¿De dónde viene tu interés por la astrología? La respuesta podría estar en tu herencia cósmica.

Al principio, el universo era un cóctel arremolinado de partículas. A lo largo de miles de millones de años, estas se unieron para crear estrellas y forjar elementos más pesados, como el oxígeno, el carbono y el nitrógeno. Cuando estas estrellas explotaron en supernovas, esparcieron polvo de estrellas por todo el cosmos. En nuestro rincón del universo, este polvo de estrellas se condensó y enfrió para formar la Tierra y los componentes básicos de la vida. Desde el calcio de nuestros huesos hasta el hierro de nuestra sangre, cada átomo de nuestro cuerpo está compuesto de polvo de estrellas.

Esta extraordinaria verdad explica nuestro instinto de mirar hacia arriba, buscar la verdad e inspirarnos en el cosmos. La astrología es una forma poderosa de seguir esta vocación, y este libro puede ser tu guía, tu estrella polar o tu Cruz del Sur.

Pero también debes seguir los anhelos de tu corazón y tu alma, pues también están hechos de estrellas.

EL PEQUEÑO LIBRO DE MAGIA·K
Astrid Carvel

ISBN: 979-13-88177-01-9

Descubre el mundo de la magia·k con esta fascinante guía para principiantes dirigida a los hechiceros modernos. La magia·k (con «k») es una herramienta esencial para el crecimiento espiritual diseñada para ayudarte a alcanzar tu propósito. Desde los objetos místicos indispensables hasta los rituales que puedes practicar, este libro es una introducción encantadora al ocultismo. Explora las creencias, tradiciones y orígenes de la magia·k y comienza tu viaje para CONVERTIRTE EN UN BRUJO MODERNO.

Gracias

nuu

En *nuu* imprimimos todos nuestros libros con papeles ecológicos certificados FSC que contribuyen al uso responsable y conservación de los bosques.